Mandala

A Arte do Conhecimento

MARCO WINTHER
FANY ZATYRKO

Mandala

A Arte do Conhecimento

Editora
Pensamento
SÃO PAULO

Copyright © 1997 Marco Winter e Fany Zatyrko.

Todos os direitos reservados. Nenhuma parte deste livro pode ser reproduzida ou usada de qualquer forma ou por qualquer meio, eletrônico ou mecânico, inclusive fotocópias, gravações ou sistema de armazenamento em banco de dados, sem permissão por escrito, exceto nos casos de trechos curtos citados em resenhas críticas ou artigos de revistas.

O primeiro número à esquerda indica a edição, ou reedição, desta obra. A primeira dezena à direita indica o ano em que esta edição, ou reedição foi publicada.

Edição

Ano

5-6-7-8-9-10-11-12

08-09-10-11-12-13-14

Direitos reservados
EDITORA PENSAMENTO-CULTRIX LTDA.
Rua Dr. Mário Vicente, 368 – 04270-000 – São Paulo, SP
Fone: 6166-9000 – Fax: 6166-9008
E-mail: pensamento@cultrix.com.br
http://www.pensamento-cultrix.com.br

Dedicatórias

Ao meu esposo, Frank Schafer, por seu amor, compreensão e boa vontade, encorajando-me, tanto material como espiritualmente, nos esforços em busca da sabedoria.

À minha querida mãe, Léa Zatyrko, por sempre cooperar de forma ampla e irrestrita na minha liberdade de escolher os caminhos, e sempre participando deles, dando-me grande apoio.

Fany Zatyrko

Dedico este livro à minha esposa e companheira Ana, e aos meus filhos Alan, Laila e Diana, que sempre estão iluminando o meu caminho, e espero que, por meio desta obra, eu possa ajudá-los a encontrar uma luz maior nos seus momentos de reflexão.

Marco Winther

Sumário

Agradecimentos 11
Introdução 13
Mandala: A Arte do Conhecimento 15
Métodos para a Leitura das Cartas 23
O Conjunto das Mandalas 35
Bibliografia 137
Sobre os Autores 139

As Cartas

Carta 1. Mandala da Força 37
Carta 2. Mandala da Dualidade 41
Carta 3. Mandala da Humildade 44
Carta 4. Mandala da Associação 48
Carta 5. Mandala da Coragem 51
Carta 6. Mandala da Organização 55
Carta 7. Mandala da Fé 59
Carta 8. Mandala da Atração 63
Carta 9. Mandala da Verdade 67
Carta 10. Mandala da Expansão 70
Carta 11. Mandala do Equilíbrio 73
Carta 12. Mandala do Perdão 77
Carta 13. Mandala da Cooperação 80
Carta 14. Mandala da Ousadia 84
Carta 15. Mandala do Semear 88
Carta 16. Mandala da Experiência 92
Carta 17. Mandala da Doação 95
Carta 18. Mandala da Iniciação 99
Carta 19. Mandala da Plenitude 103
Carta 20. Mandala da Amplitude 106
Carta 21. Mandala da Libertação 110
Carta 22. Mandala da Fusão 114
Carta 23. Mandala do Sucesso 118
Carta 24. Mandala da Abundância 122
Carta 25. Mandala da Purificação 126
Carta 26. Mandala do Amor 130
Carta 27. Mandala da Elevação 133

Agradecimentos

Agradecemos a todos os amigos que colaboraram para a execução deste livro, dando-nos apoio e ajudando a materializar este projeto. Em especial, lembramos do grupo de estudos, e da Salonee, pessoa dedicada a iluminar e facilitar o caminho espiritual do próximo.

Introdução

A evolução do ser humano é constante. As vibrações energéticas do homem atuam em vários níveis e direções, inter-relacionando-se com as demais energias externas. Do cruzamento de todos esses fluxos energéticos é tecido o destino de cada um de nós.

O homem pode e deve atuar sempre de maneira positiva e transcendente na vida, através da qualidade dos seus pensamentos, palavras e ações, aumentando assim sua capacidade energética e sua iluminação. Dessa maneira estará colaborando para a formação de uma sociedade mais harmoniosa, que resultará na evolução espiritual da humanidade.

O autoconhecimento é o caminho para o equilíbrio das energias pessoais, que nos permite agir em sintonia nas diversas esferas de existência e com o universo.

Acreditando nesse processo evolutivo, este conjunto de mandalas foi composto com base na numerologia e na variedade de situações e emoções que ocorrem na vida do homem, que conduzem ao discernimento, à reflexão de sua postura frente aos acontecimentos e, inevitavelmente, ao autoconhecimento.

Como todo processo de consulta serve como chave para que se abra uma porta do autoconhecimento, acreditamos que com este conjunto de mandalas o consulente desvendará todas as portas ainda por abrir, aumentando assim sua intuição e elevação espiritual.

Mandala: A Arte do Conhecimento

A relação da arte com a magia existe desde o surgimento do homem. Da criação das primeiras ferramentas e utensílios até os desenhos feitos em cavernas, o propósito era sempre de apreensão do mundo exterior e do domínio da natureza. É o sentido de poder se manifestando no homem através do ato de magia, como forma de dominar a sua dualidade: a fraqueza frente ao universo e a consciência da força deste no controle dos acontecimentos.

Os símbolos, rituais e cerimônias que encontramos em todas as culturas tribais são manifestações da linguagem da magia coletiva, que estipula formas comuns de compreensão e de representação do mundo invisível.

Assim como o estilo de vida do homem sofreu inúmeras transformações (dissolução da tribo, formação de uma sociedade de classes e, posteriormente, uma crescente diferenciação dos valores sociais, econômicos, políticos e culturais), o processo de compreensão das forças da natureza também sofreu mudanças que afetaram o equilíbrio entre o indivíduo e o cosmos, fazendo com que perdêssemos nossas faculdades extra-sensoriais.

Toda busca no caminho da espiritualidade é uma tentativa de recuperar esse equilíbrio. E a simbologia, seja através da arte ou da religião, sempre esteve presente na vida do homem, levando-o à transcendência do raciocínio lógico para o desabrochar do conhecimento intuitivo, ou seja, o verdadeiro conhecimento espiritual.

O Círculo

O círculo é um dos símbolos de maior representatividade e de maior poder de significação que já existiu na história.

Associado geralmente ao Sol, como fonte de vida (luz e calor), aparece, nas civilizações antigas, representando o "eterno" no tempo e no espaço. É sempre associado a um Deus ou a uma situação de poder e transcendência. Como expressão de totalidade, ou globalidade, ele também é usado como uma representação do céu e do espírito.

No Zen-budismo, o círculo representa a perfeição humana, sendo o símbolo da total harmonia e iluminação do homem.

Na Cabala, o círculo inserido num quadrado representa a força do transcendente, oculta na matéria; a forma conjunta que, por si só, expressa a energia divina.

Pelo princípio da própria forma, também nos grimórios (livro sagrado dos magos) o círculo é utilizado como proteção das energias externas.

Na Babilônia o círculo foi dividido em 360 graus, dando

origem à contagem do tempo, ao relógio ou "cosmos", como era chamado.

Na Índia e no Extremo Oriente, o círculo está sempre presente nas imagens religiosas que servem à meditação. O centro do círculo, o ponto adimensional, é chamado de BINDU. Ele representa o ponto primordial de toda a criação, o ponto que encerra, num nível transcendental, a Unidade e a Totalidade. É, portanto, o ponto originário da criação, bem como o ponto de partida de toda meditação profunda. No homem, representa o sexto chakra, o terceiro olho, localizado entre as sobrancelhas. É a visão interior, introspectiva, que sonda as profundezas do próprio centro, da unidade.

Na cultura cristã, apesar de não ser evidenciado como símbolo, o círculo está presente em todas as artes. O melhor exemplo são as rosáceas e abóbadas das igrejas medievais, e a auréola que aparece nas imagens dos santos.

Quando se une o círculo à noção do tempo, surge a roda como referência ao destino, ao acaso, e também ao infinito da vida de Deus, na renovação da vida do homem.

Na Grécia, o Uroboro, símbolo da serpente que engole a própria cauda formando um círculo, também remete, assim como a simbologia da roda, à idéia do ciclo eterno das leis universais.

No Tarô, a carta da "Roda da Fortuna", com seu modelo de seis raios, é uma mandala que fala sobre o movimento e a estabilidade, a transitoriedade e a transcendência, o temporal e o eterno. Quando a roda gira, esses opostos atuam juntos. Contudo, a ação da roda é nula no centro, ponto evolutivo do mistério e do repouso, do fim dos renascimentos.

A idéia de novo ciclo é associada, na numerologia, ao número 9, que é o zero de um ciclo superior de numeração.

A Mandala

Criada como instrumento de meditação, a mandala aparece em todas as religiões. Constituída por círculos compostos de elementos geométricos, simbólicos e de cores, a mandala representa a interação do macro e do microcosmos.

Descrita como "círculo mágico" em sânscrito, sempre serviu de elemento integrador entre a realidade aparente e as esferas divinas. É ao mesmo tempo a imagem e o motor da ascensão espiritual, reintegrando o eu ao todo e o todo ao eu. É, assim, uma imagem própria para conduzir à iluminação aquele que a contempla.

Os conceitos relacionados com a criação de uma mandala não são tão claros para o homem ocidental. As formas de pensar, de sentir e de viver dos povos orientais estão mais voltadas para a magia, ou para a não-necessidade de justificar e provar suas ações racionalmente com relação ao universo e ao tempo. Pela facilidade de abstração de idéias, sua postura diante das crenças é menos analítica e, por isso mesmo, menos fragmentada.

A mandala, assim como os yantras através da imagem, e os mantras através do som, são instrumentos utilizados por esses povos com o intuito de atingir de forma mais imediata um estado de consciência mais amplo. É através da vibração desses instrumentos visuais e acústicos que se atinge um estado vibracional em que podemos ver com clareza os caminhos que temos de seguir e compreender.

A meditação ou a observação da mandala pressupõe que se abandone o plano do pensamento e se atinja o inconsciente, de onde emergem os códigos, símbolos e valores pessoais ou dos arquétipos coletivos.

No campo da psicologia, são analisados todos esses códigos e símbolos que emergem do inconsciente dos pacientes. Esse processo se dá não só com a observação das mandalas, mas também com o ato de desenhá-las dentro de um círculo. Para estudar essas mandalas, existem técnicas de interpretação e análise.

No seu livro *O Homem e seus Símbolos*, Jung afirma que as mandalas representam, na psicologia, a unidade e a totalidade da psique, abrangendo assim o consciente e o inconsciente. O poder das mandalas e dos símbolos está ligado à história do homem, das religiões e das crenças que formam os arquétipos da civilização existentes no inconsciente coletivo. A importância psicológica e energética das mandalas, no entanto, está no âmbito pessoal e inconsciente.

As mandalas estão presentes também na arquitetura, através do planejamento das cidades e dos edifícios. No planejamento urbano, temos cidades (antigas e modernas) que surgiram sobre o desenho de uma mandala. Na arquitetura dos edifícios, vários são os projetos concebidos a partir de um símbolo ou de uma mandala.

Todos esses projetos nunca tiveram como premissas critérios estilísticos ou econômicos. São propostas de atos mágicos para materializar um lugar sagrado que traga energias benéficas àqueles que vivem no seu espaço.

A Magia da Arte

Durante a realização de uma mandala, o artista (ou mago) investe uma energia mental que tem como propósito o equilíbrio espiritual, mental e físico do homem.

É nessa energia mental, chamada de "princípio do mentalismo" nas doutrinas herméticas, que se insere a magia atribuída aos desenhos.

Assim, podemos entender uma obra de arte como um

ato mágico em função do direcionamento ou propósito dados à imaginação do artista. Na concepção de uma obra artística, o autor sempre projeta uma situação no mundo. Essa situação pode ser apenas a representação fiel do original ou sua interpretação sobre uma realidade social, histórica, religiosa, sentimental, etc. Porém, qualquer que seja essa situação, uma vez que se projete sobre a obra uma energia psíquica intencional, é realizado um ato mágico.

E é nessa concepção, no propósito a que se lança a intenção do artista, que podemos propor uma outra forma de analisar a arte: o alcance que ela tem no mundo. Não pensamos aqui no alcance social, espacial ou temporal — como é estudado pela História da Arte —, mas no propósito da energia mental investida na execução da obra.

Sendo esse propósito a evolução da raça humana, essa obra, independentemente de sua importância histórica, de sua técnica, tema ou forma de expressão, serve ao espectador como um portal para o mundo energético.

A arte é realizada como ato mágico, e o ato mágico é definido como a projeção da energia psíquica. No caso da mandala, essa energia projetada é direcionada para a interação do homem com os fluxos construtivos e evolutivos do universo.

No plano físico, a observação dessas obras causa em nós a sensação de beleza, harmonia, equilíbrio e prazer.

São nessas obras que, pela magia do artista — ou pela arte do mago — ficam registradas as correntes energéticas e, às vezes, os ensinamentos religiosos e místicos que testemunham o grau de evolução humana e seu nível de espiritualidade.

A "interpretação" ou "leitura" dessas obras depende do acervo mágico de cada pessoa. Porém, todos os que estão na estrada do autoconhecimento e estão dispostos a "enxergar" as diversas realidades em que vivemos, sabem captar dessas obras de arte o que procuram.

As mandalas apresentadas neste livro vêm acompanhadas da interpretação dos símbolos que as compõem, permitindo assim que o consultante encontre as chaves para adentrar o universo dos arquétipos. Porém, o propósito maior só advém da meditação de cada mandala como um todo; só assim se alcança a magia a elas concebida, pois foram projetadas para o autoconhecimento, como um caminho para a evolução espiritual e material.

Métodos para a Leitura das Cartas

Ao iniciar o trabalho com as cartas das mandalas, o consulente deve mentalizar três círculos distintos:

Visualize um primeiro círculo à sua frente, na cor laranja, onde as cartas serão dispostas para a leitura (conforme figura apresentada na página 25). O segundo círculo, também imaginário, na cor lilás, deve ser maior que o primeiro, envolvendo o espaço ao redor do consulente e das cartas, para fechar o campo de energia e impedir assim interferências externas. E um terceiro círculo deverá ser visualizado como uma esfera ou um globo prateado, que permita a abertura de um canal mágico de purificação. Esse círculo trará de forma mais límpida as mensagens, facilitando a compreensão das respostas.

Portanto, antes da leitura das cartas, imagine e sinta esses três círculos, permitindo assim uma perfeita conexão das energias.

Se houver duas ou mais pessoas presentes à consulta, o procedimento será o mesmo, sendo que as demais pessoas também deverão estar dentro do círculo de proteção (círculo nº 2) e dispostas de maneira equilibrada, ou seja: se houver duas pessoas, uma deve estar em frente à outra; se houver três, devem estar dispostas como os vértices de um triângulo.

Este processo visa interagir com a própria origem das mandalas, respeitando assim a existência dos fluxos vibracionais das formas e símbolos.

Deve-se sempre, entre uma consulta e outra, embaralhar as cartas, limpando-as energeticamente da questão anteriormente formulada. A escolha das cartas pode ser feita pelo "corte" do monte, ou pela seleção de uma delas, quando dispostas em "leque".

Sugerimos a seguir quatro formas para a leitura das cartas, alterando sua disposição conforme a natureza da questão.

É possível também desenvolver um método diário de leitura, que consiste em tirar uma carta a cada manhã, mantendo sua mensagem em mente e sua aplicação durante toda a jornada diária. Com uma nova descoberta a cada dia, e mantendo a disciplina dos seus atos e pensamentos, você ampliará o conhecimento dos caminhos da sua evolução.

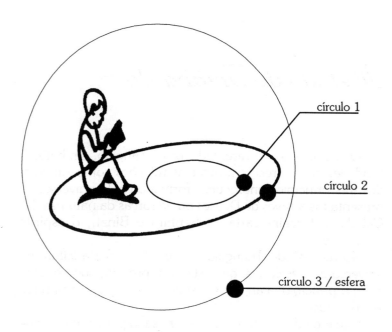

Método do Triângulo

O número 3, representado pelo triângulo, simboliza a trindade. Ele aparece em todas as religiões como símbolos dos três princípios energéticos formadores do universo, representados através de Deuses ou de forças da natureza. Na Cabala, a terceira carta da Sephira é Binah, o espírito vivificante.

No método do Triângulo, o consulente faz a leitura no universo de três cartas, que estarão representando em conjunto o princípio, a análise e a síntese, ou seja, a compreensão do todo.

Este método, portanto, deve ser usado para a reflexão de situações relacionadas com o universo interior do consulente e para a compreensão de sua posição frente ao mundo espiritual ou divino.

São tiradas três cartas que serão dispostas como os vértices de um triângulo inserido no círculo.

A primeira carta, na base do triângulo à direita, representa o caminho consciente; a segunda carta, à esquerda, representa o caminho inconsciente, ambas direcionadas à iluminação do consulente.

A terceira carta, no topo do triângulo, é a mensagem do seu Eu Superior, que mostra o terceiro caminho a ser percorrido, completando assim a estrada da sua evolução.

As cartas devem ser interpretadas em conjunto, não havendo nesse caso uma seqüência de leitura.

TRIÂNGULO — espiritualidade

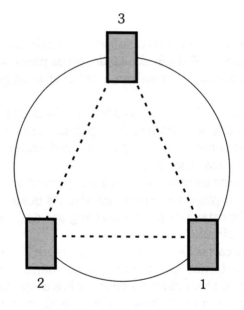

Método do Quadrado

O número 4, a forma do quadrado, simboliza o universo criado, material. A dupla dualidade, ou os pares de dois, não significam separação, mas sim a ordenação do que está separado.

São quatro os elementos (fogo, ar, água e terra) que representam a relação do mundo espiritual com o mundo material e que servem de base para os fundamentos de várias doutrinas e ritos religiosos.

Assim, este método é aconselhado para situações relacionadas com o plano terreno e material. As quatro cartas devem ser dispostas nos pontos dos ângulos do quadrado, inserido no círculo.

As duas cartas da base inferior (cartas 1 e 2) representam as forças externas que trabalham no mundo exterior do consulente, e têm influência direta sobre a questão. São as forças que servirão de base e darão o alicerce necessário para o perfeito encaminhamento dos seus propósitos.

As cartas dispostas na parte superior do quadrado (cartas 3 e 4) são as energias interiores, que atuam a partir do consulente, ou seja, são as respostas trazidas pelas nossas próprias verdades, as quais representam os instrumentos que ele pode e deve utilizar para ser bem-sucedido na situação.

QUADRADO — materialidade

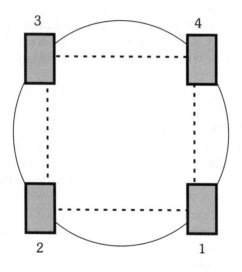

Método da Cruz

A cruz é uma representação dos quatro pontos cardeais e do seu centro. O número 5 significa a quintessência atuando sobre a matéria (4 matéria + 1 espírito), como também os sentidos (olfato, visão, tato, audição, e paladar) com relação à matéria.

A partir dessas formas de percepção do mundo é que se definiu o tempo. Assim, este método de leitura é apropriado a questões relativas a um processo temporal.

As cartas são dispostas em forma de cruz, sendo que uma delas deve ser colocada no centro, totalizando cinco cartas. Estas serão colocadas e interpretadas segundo a seqüência a seguir:

A primeira carta, ao sul, representa a situação em que estamos no momento presente; a segunda carta, a leste, nos transmite as energias que irão atuar no consulente, ou o desafio inesperado necessário ao desencadeamento da questão; a oeste, a terceira carta, representa as energias que deverão partir do consulente, ou seja, a atitude mental necessária para conseguir a solução desejada; e a quarta carta, ao norte, localizada no eixo vertical que liga ao momento presente e representando a questão no futuro, anuncia a situação vindoura.

A carta central, a quinta carta, representa o consulente

com relação a todo esse processo e frente a essa questão, refletindo a capacidade adquirida pelo aprendizado das experiências vividas.

CRUZ — temporalidade

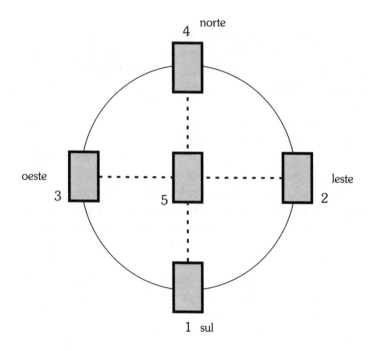

Método da Estrela

A estrela de seis pontas, como a intersecção de dois triângulos, um voltado para cima (energia evolutiva) e outro para baixo (energia involutiva), representa a união criadora dos dois princípios: o masculino e o feminino, o yang e o yin, etc.

Da união dessas duas forças surge o seis, como a harmonia entre os processos de criação.

Este método usa essa forma de estrela para estudar os dois fluxos que envolvem uma questão.

São tiradas seis cartas e colocadas nas pontas da estrela inserida no círculo. A primeira, a segunda e a terceira cartas formam o triângulo voltado para cima, e a quarta, a quinta e a sexta cartas formam o triângulo voltado para baixo.

A leitura acompanha a ordem das cartas: as três primeiras representam as energias evolutivas referentes à questão e sob domínio do consulente, ou seja, os dons pessoais que já tem e que lhe servem de base para seu equilíbrio interior. As três últimas cartas são as energias que o consulente deve enfrentar para chegar à solução harmoniosa da questão. Elas representam as forças a serem adquiridas através do reconhecimento dos seus princípios e pela sua aplicação na vida.

ESTRELA — equilíbrio dos fluxos

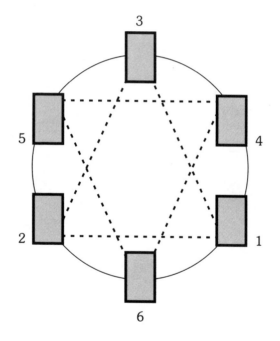

O Conjunto das Mandalas

As 27 mandalas apresentadas neste livro estão associadas às 27 cartas, que, quando dispostas em três colunas — ver esquema a seguir — representam, no sentido horizontal, a seqüência de uma vibração energética e, no sentido vertical, as três colunas passam a representar o plano físico, mental e espiritual, respectivamente.

A associação das mandalas às mensagens e aplicações é direta, não havendo necessidade de o consulente estudar a composição do conjunto das 27 cartas. Basta que tire as cartas usando um dos métodos sugeridos, que têm como base o contexto da criação deste trabalho.

1 FORÇA	10 EXPANSÃO	19 PLENITUDE
2 DUALIDADE	11 EQUILÍBRIO	20 AMPLITUDE
3 HUMILDADE	12 PERDÃO	21 LIBERTAÇÃO
4 ASSOCIAÇÃO	13 COOPERAÇÃO	22 FUSÃO
5 CORAGEM	14 OUSADIA	23 SUCESSO
6 ORGANIZAÇÃO	15 SEMEAR	24 ABUNDÂNCIA
7 FÉ	16 EXPERIÊNCIA	25 PURIFICAÇÃO
8 ATRAÇÃO	17 DOAÇÃO	26 AMOR
9 VERDADE	18 INICIAÇÃO	27 ELEVAÇÃO

CARTA 1

Mandala da Força

Esta mandala representa a força do homem frente ao mundo. A espada, etérea e brilhante, que aparece no eixo central e vertical do desenho, é o símbolo do conhecimento puro, que corta as trevas da ignorância, libertando os desejos. Quando associada a uma balança, a espada representa a justiça, separando o bem do mal.

Na ponta da espada está o ápice de uma estrela azul de cinco pontas. A estrela, aqui, é o símbolo da manifestação central da luz e a representação do homem perfeito e regenerado.

No interior da estrela há um pentágono voltado para baixo e, atrás dela, há um outro pentágono voltado para cima. Eles representam o homem que tem o equilíbrio, a união em si das forças yang e yin, dos princípios masculino e feminino.

As flores desta mandala são as violetas d'água (*water violet*), que são representadas em dois grupos de cinco. Na terapia floral de Bach, a *water violet* nos faz reconhecer nossas falhas, diminui a ambição, inspirando a gentileza, a compreensão e a fraternidade, atributos necessários à conquista e exercício da força.

As hastes sobem pela lâmina da espada, em sentido inverso, como duas serpentes, lembrando um caduceu. Este é um simbolismo encontrado em diversas culturas e ritos: na mitologia grega, como o emblema de Hermes, e na cultura latina, como Mercúrio. Elas representam o equilíbrio das tendências contrárias em torno do eixo do mundo, a unificação dos opostos.

Também são representadas na mandala duas runas de aparência diáfana: SOWELU e KANO, que pressagiam, respectivamente, realização, força vital e abertura, uma nova luz que a tudo ilumina.

Mensagem da Mandala

A força é a energia vital e mágica que existe em toda entidade humana.

A verdadeira força reside na energia psíquica. Ela se manifesta em nós como fluxos de inspiração, aspiração do bem, estímulo para ajudar e servir, anseio de criar, iluminar-se e elevar-se, impulso para ensinar e trabalhar, estímulo para pensar com criatividade e lucidez e para compreender o mundo como um verdadeiro guerreiro.

Segundo o Tao Te King, "o bom guerreiro é sábio como a serpente e inofensivo como a pomba. É pacífico e forte como uma montanha, corajoso e ágil como um felino, e move-se com a amplitude das nuvens, imperceptivelmente, sem ruído, como se estivesse imóvel".

Se conhecemos nosso potencial divino, mas desconhecemos nossos erros e deficiências, seremos facilmente derrotados. Nós temos de confrontar sempre as nossas necessidades instintivas, para que elas não se degenerem em violência.

A energia psíquica sempre traz equilíbrio à consciência, pois por meio da inteligência ela percebe e analisa todos os aspectos de uma questão.

O homem espiritualizado é fundamentalmente inofensivo, mas não se comporta ingenuamente oferecendo a outra face sem saber o que está acontecendo. Não-violência não quer dizer omissão.

A paz vivida pelo ser espiritualizado nada tem a ver com passividade. Ele está presente sempre de maneira sóbria, séria, determinada, sincera e firme. Ele conhece a fundo as quatro emoções que enfraquecem a força — a crítica, a culpa, o ressentimento e o medo — e jamais fica desatento.

Os atributos do verdadeiro guerreiro da força são: controle, disciplina, paciência, visão das oportunidades e vontade. Essa é a regra do bom senso e da coerência.

A força traz o equilíbrio (físico, mental e espiritual), a clareza dos pensamentos e a unidade com o Todo, dando expressão à nossa determinação, usando a vontade como impulso para a ação.

Aplicação

A estrada da vida do homem é única e pessoal. Ele deve saber empunhar a espada para abrir o seu caminho quando necessário, e saber guardá-la para não transgredir os caminhos dos outros.

Essa consciência do uso da espada é a sua força, que se reflete nos níveis energéticos físico e etérico.

Use essa imagem da espada para acompanhá-lo na vida. Mentalize-a, porém, sempre brilhante, como uma antena de captação da luz divina, para que seus atos visem sempre a transmissão dessa energia.

Em momentos de relaxamento, sente-se com a coluna ereta, respire três vezes, enchendo os pulmões e dilatando o ventre e, na expiração, contraia o abdômen e a região do baixo-ventre, relaxando depois o corpo todo, começando pelas extremidades até o topo da cabeça.

Permaneça com a respiração tranqüila e suave. Sinta todo o seu corpo energizado e mentalize a espada, dando-lhe forma, brilho e cor. Depois segure essa espada imaginária com as mãos, na altura do peito, e descreva com ela círculos no ar, na forma de um oito na horizontal (símbolo do infinito). Dessa maneira você estará abrindo seu caminho e se protegendo das influências externas.

CARTA 2

𝓜andala da Dualidade

O cálice representado no centro da mandala é a origem dos poderes da água. Representa o aspecto mais essencial e original das emoções. Como vaso nutriente, a taça aparece muitas vezes como símbolo do seio materno que alimenta e como receptáculo que acolhe e protege. É a abundância e também a pureza, a inocência e a plenitude!

O oito horizontal, símbolo do infinito, atravessa a base dessa taça. Significa a interação entre o feminino e o masculino, no seu sentido mais amplo, harmônico e elevado. É a união cheia de prazer, alegria e êxtase. É a emoção ainda nova e pura que ainda não foi densificada pelos apegos, pelas regras ou pelos bens materiais. A Lua no oeste e o Sol no leste representam esse equilíbrio.

A íris tem como símbolo o arco-íris e é a flor que simboliza a conciliação entre Deus e o homem, ligando o céu à Terra.

A rosa vermelha, na parte inferior da mandala, representa o sangue de Adônis, personagem da mitologia. É um símbolo de amor, simpatia e fertilidade. É o próprio amor divino!

A rosa se liga a uma pequena espada representada na parte superior da mandala sobre um fundo azul que reflete a integração das polaridades. O ser transcende a matéria física e se funde com a essência Divina.

A mandala tem como ponto forte a dualidade. São imagens que mostram a conivência harmoniosa dos contrários ou o equilíbrio de forças em oposição.

Mensagem da Mandala

Os opostos se completam, se atraem? A resposta é sim. Os princípios masculino e feminino, representados pelo Sol e pela Lua, pelo yang e pelo yin no oráculo chinês e presentes em todas as religiões completam o uno. Devemos ter domínio sobre os dois princípios dentro de nós para entendermos o processo da criação.

Os opostos não existem sem os seus complementares. Na mente humana, a necessidade de definir o que é certo e o que é errado pode nos levar a tomar uma atitude extrema num momento de decisão. O resultado pode ser desastroso, com julgamentos parciais e de pequeno alcance. As diferenças entre os homens devem ser respeitadas, pois nada significam frente à compreensão do todo.

Esta mandala nos traz a seguinte mensagem: "O homem deve saber usar os dois pólos energéticos que existem dentro dele." Enxergar e viver segundo essa realidade o levará a conquistar o equilíbrio emocional, mental e físico.

Aplicação

Algumas vezes, as oposições e resistências que encontramos na vida provêm da projeção negativa que fazemos sobre as outras pessoas. Por falta de compreensão e amor, fazemos julgamentos errados e as rotulamos desnecessariamente.

Nesse caso, o mais importante é solucionar conflitos gerados por temperamentos diferentes, não pela força, mas sendo tolerante, bem-humorado e fiel a si mesmo.

Aqueles que concordam com você, serão por você naturalmente atraídos. Confie nesse fato. Os que discordam deverão ser liberados para seguir o próprio rumo sem obstáculos. Lembre-se da ação dos ímãs: atração ou repulsão. Assim também funciona a nossa energia.

Você deve meditar profundamente sobre as diferenças entre os seres e procurar desenvolver um modo de pensar moderado e parcimonioso, que amenizará as tensões geradas pelas diferenças de temperamentos.

CARTA 3

Mandala da Humildade

Nesta mandala temos, na parte superior, uma meia-lua que goteja por todo o triângulo o líqüido da fertilidade. Ela indica que, quando estamos centrados, os altos e baixos emocionais são como as gotas que caem na superfície do oceano, que é calmo e sereno em suas profundezas. Uma vez que adotemos uma postura aberta e receptiva, veremos tudo, em certo sentido, como sendo perfeito.

O rei dos astros, a divindade maior, recebe o princípio da fertilização sem ofuscar esse trabalho, sem interferir nesse princípio; ele cede espontaneamente para não agredir e tolera para não impor.

O laranja desse triângulo é a cor do pacificador. É a cor da devoção a um trabalho altruísta, sem que se perca a capacidade de ser verdadeiro e sensato.

O triângulo branco tem no seu vértice uma estrela, símbolo da consciência encarnada do homem, como medida do universo. Essa medida é a faculdade de conhecer seus próprios limites. O mergulho dessa estrela na parte inferior da mandala, de cor anil, representa o alívio das energias intrínsecas do homem: seus medos, frustrações e inibições. O anil oferece uma clara percepção da realidade do processo da vida, oferecendo um terreno fértil para o aumento da percepção e também do silêncio interior.

O vermelho fundamenta dois símbolos refletidos como num espelho, de cabeça para baixo. São a runa Peorth (o oculto, o segredo) e o olho de Hórus. Trata-se de manifestações que representam os processos de iniciação ainda não revelados ao ser.

As flores de jasmim representam o arquétipo feminino da Deusa romana Diana, e significam o aspecto da luz na sua mais elevada freqüência e vibração.

Mensagem da Mandala

O grande mestre Jesus trouxe a mensagem: "Os humildes serão exaltados", referindo-se à humildade consciente, ao estado em que se percebe a vida de modo mais profundo e intuitivo, em que a pessoa cede espontaneamente para não agredir. O humilde é um homem conformado, paciente e satisfeito, que melhor aproveita as lições do mundo, uma vez que ele é sempre quem está mais atento à realidade espiritual, por ouvir sem protestar, solicitar sem exigir e aprender sem pontificar.

O homem pode moldar seu destino servindo, obedecendo às forças do Universo com modéstia, sem fazer exigências à vida. Buscando a simplicidade, sendo despretensioso, o homem saberá vencer qualquer dificuldade. Na verdade, um homem modesto se preocupa apenas em cumprir bem as suas responsabilidades, obedecendo às forças atuantes da natureza, e nunca cruzando os braços e adotando uma passividade doentia frente à vida e aos acontecimentos.

Buda disse: "Quando aquele que faz o bem deixa de se preocupar com o resultado do seu feito, a ambição e a cólera extinguem-se nele."

A moderação de um homem humilde não permite que o exaltem ou o rebaixem. Ele não se orgulha com o triunfo nem perde a coragem com o fracasso. Esse homem vive sua vida como se esta fosse uma oferenda a Deus.

Aplicação

Descubra uma maneira de ajudar as pessoas sem que elas saibam quem as beneficiou.

Fale apenas o necessário quando estiver diante de pessoas exaltadas ou de situações de conflito entre personalidades. Encare todos os seus relacionamentos como lições para você se conhecer melhor, e reparta com as pessoas o que tem aprendido a respeito de si mesmo.

Procure corrigir com calma aqueles que erram, e saiba relevar as imperfeições dos outros, da mesma forma que espera compreensão para com os seus erros.

Humildade é conhecer-nos profundamente, procurando corrigir nossas deficiências e não querendo impor nossa vontade sobre os outros.

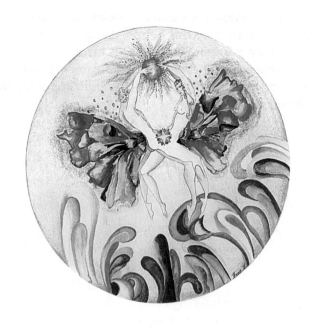

CARTA 4

Mandala da Associação

Esta mandala nos fala da atuação do chakra da base, aquele que determina nossa ligação com a Terra e com a matéria. É por assim dizer, a âncora do espírito.

Os amantes aqui se tornam "parceiros anímicos", unem seus corpos, seus corações e almas. Esse completo contato lhes permite transcender seus próprios limites e fraquezas, entrando no espaço psíquico que criaram em torno de si mesmos e entre eles.

O fluxo das correntes de prana está no contato entre seus órgãos sexuais, sem tensão nem esforço. Junto com essa união, sobrevém uma profunda conscientização da energia Kundalini e de seu percurso ascendente.

Ao ativar essa energia, elevaram a consciência, como demonstra o sol incandescente em suas mãos, transformando o ato sexual numa experiência verdadeiramente iluminadora.

Essa associação está sintonizada com as leis superiores. Ela traz bênçãos, cumplicidade, expansão e liberdade, representadas pelas asas de borboletas nas costas.

O mar embaixo do casal afirma visualmente o que disse Rajneesh: "Viver é como o ciclo respiratório. Na inspiração entra-se em contato consigo próprio; é o estar só; é o momento em que se carrega o coração de energia; é a maturação do feto, o orgasmo da vida. E na expiração dá-se o encontro, o desabrochar do amor, o renascimento com o outro, o 'ser' com o outro." A respiração não é possível sem esses dois movimentos.

Na mandala também podemos ver que as forças da natureza — o fogo, o ar, a água — se associam graças à vontade do homem de trilhar o caminho da evolução.

Mensagem da Mandala

A humanidade é uma só e este pequeno planeta é o nosso único lar. Cada um de nós precisa conhecer o sentimento de união e cooperação, pois é através dele que podemos acabar com o nosso egoísmo.

Raiva e aversão são os nossos verdadeiros inimigos. São

as forças que mais necessitamos confrontar e vencer durante a nossa vida, e não os "inimigos" passageiros que aparecem em nosso caminho.

Este é o momento de nos juntar aos outros para nos completarmos e sermos solidários. Esta mandala representa os relacionamentos de união ou de associação, de forma clara, sincera e verdadeira.

A associação é enriquecedora quando existe equilíbrio entre as partes. Dar e receber é o fluxo que nos alimenta, nos completa e nos faz sentir o percurso evolutivo das energias.

Aplicação

Não tenha receio de se entregar de corpo e alma às situações novas, à alegria que a vida possa lhe oferecer. Não fique sozinho. Procure a companhia de pessoas com quem possa compartilhar a felicidade, um sonho ou dividir um projeto.

O ambiente é favorável para a afeição e o reconhecimento, o que vai revigorar bastante o amor-próprio e a sua disposição para iniciar novas atividades, novas amizades, novos caminhos, descobertas e experiências.

Aprenda com todo esse processo o fluxo da troca de energias; isso lhe servirá para compreender as leis de Deus.

CARTA 5

Mandala da Coragem

Nesta mandala vemos o princípio feminino em profunda sintonia com as forças da natureza, voando para o leste, onde habita a águia.

O leste é o centro de iluminação, onde o princípio feminino, receptivo, encontrará a Porta Dourada que conduz a todos os outros níveis de percepção e compreensão.

O leste contém a energia do lado masculino de nossa natureza, que tem a capacidade de avançar sobre as áreas ainda não-manifestadas da vida em busca de novos ideais. É a independência, e é seguindo nessa direção que desafiamos o mundo, aprendendo nossas maiores lições.

A águia é o símbolo da superação de todas as formas de ignorância e intolerância. É a guardiã das idéias elevadas. Simboliza o princípio celeste, com uma superioridade adquirida ou prestes a ser adquirida.

O princípio feminino se abre para a capacidade de compreender o todo, através do aumento da autoconfiança e da capacidade de domínio, criação ou construção de uma nova visão de si mesmo.

É no autoconhecimento que reside a capacidade de realização de todos os sonhos, porque você mesmo representa a possibilidade eterna.

Não existe separação entre o ser e esse campo de energia. Um coração que passa pelas lições do leste torna-se livre para voar, acima das montanhas sagradas do silêncio, para participar como co-criador das diversas formas de energia.

Mensagem da Mandala

Quando surge um obstáculo que nos impede de conquistar algo, podemos optar entre a inércia das lamentações ou o movimento das soluções. Só podemos transpor a barreira quando nos colocamos em ação.

Jamais se deixe abater. A sabedoria oculta é obtida na luta contra os nossos instintos inferiores e pela superação das dificuldades.

Esta é a hora de controlar as emoções e de usar a força da personalidade para obter a vitória do ideal concretizado.

Resista à tentação de ser trágico, de se deixar levar pelo desânimo e pela piedade de si mesmo. Aborde os problemas como se você fosse um alpinista galgando o mais alto cume de uma montanha, lutando para vencer todos os percalços do caminho. Se, porém, tudo estiver contra você, permaneça sereno, pois essa tranqüilidade diante da adversidade gera uma força interior que será utilizada pela mente superior.

Algumas vezes, nossa depressão é causada por pontos de vista incorretos, que geram um pessimismo desproporcional, privando-nos da lucidez. A situação piora quando buscamos apoios errados, pois não enxergamos dentro de nós as causas verdadeiras dessa incômoda situação.

O medo de agir desaparece à medida que o homem é capaz de intervir em seu próprio destino e aprovar a si mesmo, criando um espaço de segurança, confiança e amor-próprio. Não confundir com vaidade, arrogância ou convencimento, pois isso é só medo e presunção.

A dificuldade é aquilo que nós consideramos além da nossa compreensão, pois não temos a visão real dos fatos. A estrada que se desenrola diante de você pode parecer bloqueada, mas você deve aprender a considerar o desconhecido como sendo algo amigável.

Aparentemente, a vida é feita de rotinas. Mas não é necessário acreditar nisso. Proponha-se a começar cada dia com uma sensação de novidade no espírito. Assim nascem as grandes idéias, que você vai lapidar com coragem.

A pessoa com uma auto-imagem positiva não esconde o gosto pela vida. Ela descobre como ampliar seus horizontes, aceitar novos desafios como parte do crescimento, podendo chegar a elevados níveis de eficácia como parte do processo de crescimento em tudo o que planeja fazer.

Aplicação

As palavras são muito poderosas; elas podem ser usadas para criar aquilo que você quer. Use esse poder de forma positiva e para atrair o melhor em sua vida e na vida de outras pessoas. Procure evitar as frases negativas e de desânimo (nunca, não, nem...). O subconsciente, quando está diante de dois ou mais programas contraditórios, tentará agir de acordo com o mais forte.

Saiba decifrar os medos que estão por trás das justificativas, eliminando as velhas táticas de resistências e desculpas. Tenha coragem e disposição para encarar de frente sua vida e seus problemas, sem deixar para trás dúvidas ou pontos obscuros.

Exercite a coragem nas situações difíceis; assim, a sua forma de pensar, falar e agir vai se moldando naturalmente a um novo modo de ser. Essa conduta o levará a conquistar a liberdade e o respeito das outras pessoas.

CARTA 6

𝓜andala da Organização

Essa é a representação da quadratura do círculo, figura alquímica que conjuga o círculo, símbolo do céu, com o quadrado, símbolo da Terra. Trata-se do equilíbrio dos opostos pela síntese, que produz algo novo a partir do que era diametralmente oposto.

A cruz amarela no centro é usada para assinalar um lugar

especial, simbolizando um perfeito estado mental, expressão de uma refinada criatividade. É a razão dando ao homem a capacidade de compreender a ligação entre a Terra e o céu.

O círculo laranja-escuro em volta da cruz, por ter uma cor que está entre o vermelho (bem-estar físico) e o amarelo (intelecto) tem a função de equilibrar, fornecendo energia para enfrentar as situações da vida.

Em volta, o quadrado de cor violeta representa o esforço no sentido de conhecer conscientemente a realidade do processo vital, reconhecendo forças primordiais por trás da aparência de situações estabelecidas. Ele vincula conscientemente o conhecido ao desconhecido.

O quadrado maior, laranja-claro, tem em cada uma das extremidades da cruz uma abertura para a luz, e quatro triângulos em vermelho, indicando a refração da energia universal para suprir de energia física o campo material. Eles nos mostram a direção ou a rota da auto-expressão (ou expressão primordial da individualidade).

Toda essa manifestação é permeada pelos ramos de folhas verdes, representando a ordem, a estabilidade, o sólido e o tangível.

As quatro fases da lua representam as quatro estações do ano, as quatro fases em que se divide a vida humana: infância, juventude, maturidade e velhice.

É o ser humano integrado por quatro aspectos fundamentais: ser espiritual e energético, corpo biológico, corpo das emoções e intelecto.

É a totalidade do universo manifesto.

Mensagem da Mandala

Esta mandala nos transmite o começo de um ciclo vivido de acordo com nossos próprios valores, pois o choque dos opostos está resolvido. Temos acesso tanto ao ativo como ao receptivo que há dentro de nós. Estamos preparados para "fazer" e não apenas para "ser".

A consciência brilha tão intensamente quanto o sol do meio-dia. O ato de pensar é realçado e a racionalidade muito apreciada.

A partir da ordenação de pensamentos e ações, traçamos o caminho por onde estarão canalizadas as energias necessárias à execução de novos ideais.

O ser tende agora a ser determinado, eficiente e consciente em seus esforços.

Paciente e atento aos detalhes, com um senso inato de equilíbrio, ele reconhece a importância das proporções e da precisão, pondo ordem e regularidade em sua vida.

As idéias são trazidas ao plano concreto e tomam forma em configurações que se dispõem numa relação harmoniosa umas com as outras.

O domínio desse processo traz ao homem equilíbrio e estabilidade, como bases para a compreensão dos diferentes estados de consciência.

Aplicação

Experimente a sensação de abrir uma gaveta do seu armário ou de sua escrivaninha, estipulando uma seqüência de trabalho: tomando coragem, jogando o que não tem mais serventia, já que guardamos coisas absolutamente desnecessárias e que condensam nossa energia, nos aprisionando. Organize o restante de forma prática e levando em conta o espaço disponível.

Transporte essa sensação de limpeza e ordem para o domínio dos seus pensamentos e projetos, definindo prioridades, clareando as metas, terminando trabalhos que aguardam uma conclusão, administrando melhor o seu tempo.

CARTA 7

Mandala da Fé

Esta mandala é a representação da fé. Os lírios brancos representam a pureza do coração, a entrega à vontade de Deus, a confiança nas leis cósmicas.

Nos três estados da evolução da flor: em forma de botão, abrindo suas pétalas e já maduro, esses lírios simbolizam o ciclo da vida do homem terreno. A compreensão desse ciclo é conseqüência de uma maturidade espiritual que confere ao ser o dom da fé.

As quatro luas — ao norte, sul, leste e oeste — da mandala são as suas fases distintas, e estão representando os ritmos biológicos, assim como a periodicidade e a renovação, e também a transformação e o crescimento.

A espada na parte superior da mandala está rasgando a superfície do desenho, abrindo um outro plano cromático. Essa espada está entrelaçada por um coração formado pelas hastes das plantas, que formam também o símbolo do infinito. É o desconhecido, a entrega ao mistério do infinito, o inconsciente vindo à luz pela força e poder do amor e da fé.

No centro encontramos o Sol, o símbolo de Rá, a principal divindade egípcia. O Sol como centro do universo, de onde são emitidos três raios na cor violeta, significando que as verdades levam à temperança, como o equilíbrio entre os sentidos e o espírito.

Ao redor do Sol evoluem as luas e os lírios, nos mostrando as fases do tempo e do homem interligadas; a temporalidade humana frente à intemporalidade do universo.

Mensagem da Mandala

"A fé é o pássaro que pressente a luz e canta quando a manhã ainda está escura."

Enquanto não formos capazes de compreender de fato a nossa mente, permaneceremos estranhos a nós mesmos, sem ter consciência do nosso verdadeiro potencial. A fé é uma atitude de confiança, a substância das coisas esperadas, a presença encarnada das coisas invisíveis.

A mente é muito versátil; ela projeta todas as formas e sustenta todos os pensamentos e emoções. Através da meditação ou da oração podemos ir, além dos significados e categorias, à experiência direta dos níveis interiores e vivenciar a mente como algo vivo, sensível e brilhante. Ela é a fonte de todos os conhecimentos e de toda a inspiração.

Por meio da fé, aqueles que deparam com dificuldades insuperáveis descobrem a força interior para resolvê-las. Ela tem o poder de curar física, mental e espiritualmente. Mas para se viver através da fé é preciso um coração simples e um intelecto descomplicado. A fé vai na frente e o intelecto vai atrás.

Ela é um saber interior que o inspira a ser preciso, verdadeiro e consciencioso. O homem tem um papel único na criação. É a única espécie que tem o poder de manipular as forças da vida e de criar. O uso consciente dessa energia obtida por meio da identificação, mais com a natureza Divina do que com a natureza material, dá origem à forma mais elevada de manifestação.

É preciso compreender que o poder não vem de fora, vem de dentro. Em vez de nos identificarmos com a materialidade, nos conectamos com a substância de luz cósmica inteligente dentro de nós. Não deve haver dúvida quanto a isso.

A dúvida é uma força fragmentadora que se aloja na nossa consciência, separando-nos desse poder magnético que nos transforma na percepção pessoal do Deus vivo.

Quando as crenças são cultivadas e defendidas através da grande consciência na sua manifestação, elas se expandem tornando-se fé, abrindo o coração para a luz. Quando houver essa integração verdadeira, nada no mundo exterior poderá prejudicá-lo.

Aplicação

Faça uma lista de todos os seus desejos. Mentalize-os antes de adormecer à noite e quando acordar pela manhã. Sendo realmente benéficas e importantes, mentalize sempre suas afirmações no tempo presente e de forma incisiva, sentindo e vivenciando as emoções dos resultados.

Não use verbos que remetam seus propósitos ao futuro, como "desejar", "almejar" ou "querer". Na mente, o espaço presente já é o futuro.

Essas mentalizações podem ser feitas sempre que você tiver um tempo disponível, seja andando, comendo, repousando, etc.

Faça isso durante algum tempo, e depois desvincule-se dos resultados. Deixe que o universo cuide da forma e dos detalhes dessa manifestação. Deixe que esse poder de ordem infinita lhe faça acreditar também naquilo que você não pode ver.

A materialização de nossos desejos se dá pela ausência de pensamentos conflituosos e pelo equilíbrio emocional. Isso só é possível pelo ato da fé incondicional.

CARTA 8

Mandala da Atração

Esta mandala representa Vênus, aquela que reúne as forças do amor, da beleza, da voluptuosidade, da alegria e da doçura.

Através da sua influência, aprendemos a ter delicadeza, a julgar as situações com ponderação, afetuosidade e amabilidade. Ela combina a espiritualidade com as qualidades materiais, representando as forças da vida que preenchem o Cosmos. É o amor permeando o mundo da matéria.

Ela está intimamente ligada à função do sentimento, que é diferente daquilo que chamamos de emoção. A função do sentimento é uma constante variação entre os opostos, mas cuja meta é a cooperação, a harmonia e a plenitude.

Ela é Afrodite, mas também recebe outros nomes com o mesmo significado simbólico: Ceres, Deméter, Mãe da Natureza. Na mitologia grega, Deméter regia os ciclos da natureza e de todas as coisas vivas. Abençoava, através da fertilidade, o ato de arar, plantar e colher.

Ela reflete a experiência da maternidade, no seu mais amplo sentido. É a apreciação da arte e da magia de ser; a força do amor que une os opostos e permite que o novo nasça. É a sabedoria que nos faz compreender que tudo se movimenta em ciclos.

Sob a influência de Vênus, o amor se revela pura e fortemente. O tempo deixa de existir e o amor se torna uma ponte aberta, uma passagem do finito para o infinito.

Como disse Goethe, "Na plenitude da felicidade, cada dia é uma vida inteira".

Mensagem da Mandala

Falar de atração é conscientizar-se do sentido hermético da vibração. A matéria não é passiva e inerte, como nos fazem acreditar os objetos imóveis, aparentemente sem vida, como as pedras, os cristais, as montanhas, etc., mas que no seu interior estão cheios de movimento e ritmo.

Incontáveis são as influências que agitam ou se manifestam ao redor de nós e em nós mesmos.

Cada ser irradia sua própria carga interior. São influências diretas ou indiretas, provenientes não só de pessoas, mas também das coisas próximas ou distantes, das mais diversas origens. A vida universal, dos homens e dos objetos, mantém-se por meio dessas influências recíprocas no equilíbrio dos mundos, feito de ação e reação (causa e efeito).

Não existe uma molécula de ar que não vibre mensagens. Somos invadidos por elas por todos os lados e nenhum desses eventos fica perdido no Universo. As vibrações emitidas são eternas.

É estimulante saber que a energia vital flui continuamente entre pólos opostos e que nunca nos detemos em nenhum ponto do percurso.

O fluido é uma emanação da própria alma; constitui-se de ondas que partem de nós e se desenvolvem no éter. Exatamente pelo fato de nossa vida ser influenciada por tudo aquilo que nos rodeia, pela lei da afinidade e da ressonância, cada um de nós é atraído pelas pessoas ou pelos ambientes que mais combinam com suas próprias características. De igual modo, a mente humana pode assumir uma parte ativa no desdobrar dos acontecimentos, pois nossa consciência não está limitada pelo tempo ou pelo espaço. Ela contém todo o tempo e todo o espaço. Essa é a lei do Karma.

Você pode usar a lei do karma para gerar abundância e felicidade e atrair para si o fluxo de todas as coisas boas, no momento em que quiser.

Quanto mais escolhas você fizer no nível de percepção consciente, tendo em vista sempre as conseqüências dessa escolha, mais corretas serão suas ações e prósperas as reações (do meio ambiente, da natureza e do universo).

Aplicação

Considere esta carta como uma afirmação de sua capacidade de usar o poder da intenção para obter as coisas que deseja.

A energia gerada por seus pensamentos e sentimentos forma ao seu redor uma estrutura que atrai magneticamente as coisas certas para seu desenvolvimento e evolução.

Inicie esse processo trabalhando com a beleza. Faça brotar a beleza de dentro do seu ser e mostre isso ao mundo, desde sua forma de se vestir, de ver a si mesmo, de atuar. Transforme todos os ambientes em que você vive em lugares bonitos, decorados, aconchegantes e harmoniosos.

Essas pequenas atitudes abrirão novos caminhos para a sua evolução.

CARTA 9

Mandala da Verdade

O olho no centro da mandala significa "Deus em ação em mim". É o ponto UNO.....O próprio Absoluto. O "BINDU" é o ponto primordial de toda a criação, o ponto que encerra, num nível transcendental, a Unidade e a Totalidade.

É o olho da visão interior, para dentro das profundezas do próprio centro, para a Unidade, assinalando o aumento da capacidade de receber informações por meios extraordinários.

O símbolo da dualidade (o yin-yang) circunda o grande olho. Separadamente, anunciam a perda da unidade, a tensão, a separação, a pluralidade, a multiplicidade que ocorre com esse movimento de divisão.

As várias borboletas, de diferentes matizes, estão ligadas por uma corda e dançam em volta desse ponto central.

As borboletas aqui são almas interligadas pelo destino, pelo karma, no processo da vida e da morte, o fim que possibilita ao espírito recomeçar o ciclo. É o princípio da mudança, que diz que nada é permanente. No entanto, quando se canaliza os dons do espírito para a vida cotidiana da Terra, atraímos outras pessoas que estão vibrando na mesma sintonia.

A linha amarela que divide a mandala verticalmente é o nosso horizonte infinito, dizendo-nos para realizar o céu na Terra.

Quando apelamos para a origem de todas as coisas, estamos entrando em contato, mesmo que através de uma linha fina e sutil, com a proteção do amor, do poder e da sabedoria de Deus.

A verdade que se encontra dentro de nós não vem de fora, embora assim pensemos. Em todos nós existe um centro secreto, onde a verdade reside em toda a sua plenitude.

Mensagem da Mandala

A verdade interior aparece quando estamos vazios, sem preconceitos. Ao nos desvincularmos dos julgamentos e das críticas, torna-se possível ver as coisas verdadeiramente reais. Quando um imenso espaço silencioso se abre internamente, podemos apreender a realidade sem a interferência de nossos padrões cristalizados, das nossas palavras vazias de sentido, do nosso ego.

A verdade não vem nua para o mundo, mas revestida de imagens e símbolos. Para encontrá-la, devemos aprender a ler os símbolos e a penetrar nas imagens. Há que se desbloquear as portas da percepção para que os fatos nos apareçam como realmente são: infinitos. A verdade não está nos livros, nos mestres ou nas escolas. Ela está unicamente no nosso espírito e em nosso coração: "Conhece-te a ti mesmo."

Ser verdadeiro é ter pureza de pensamentos, de palavras e de intenções. O homem descobre sua semelhança com o universo, descobre o segredo dos relacionamentos, porque ao se conhecer ele passa a conhecer o "modelo" de tudo o que existe. Sua influência não é exercida por nenhum tipo de pressão, pois a força da convicção que cerca suas ações falam por si só e convencem aqueles que estão próximos.

Aplicação

A verdade é seu escudo de proteção, mas também a sua arma. É em você mesmo, e não nos outros, que você encontrará forças para prosseguir no seu caminho. Preserve sua liberdade.

Tenha plena consciência do poder de suas palavras, levando em conta o temperamento e a personalidade do outro. Adapte sua abordagem e postura de modo a não ferir, nem ser mal-interpretado.

Você não deve ter medo, pois neste momento seus princípios são firmes e corretos. Firmeza e força por dentro e suavidade por fora. Atue dessa maneira e o Universo corresponderá aos seus anseios e projetos.

CARTA 10

𝓜andala da Expansão

Aqui são representados 12 raios: manifestação da Trindade nos quatro cantos da mandala. É a exaltação da matéria pelo espírito. É a intensificação do processo de individualização.

É o movimento interminável da espiral da evolução, pois o 12 está relacionado com a roda do Zodíaco em movimento, chamando a atenção para a passagem do tempo (o ano é formado por 12 meses — um mês para cada signo zodiacal).

O girassol no centro representa a fonte de luz, calor, energia e vida. Representa o princípio universal pelo qual tudo vive e se movimenta. Governa a expressão mais elevada do "Eu", a vontade superior. É a energia radiante, o ATMA ou Espírito Universal.

Os triângulos vermelhos indicam a direção dessa energia primordial em número de seis, que é a personificação da "concepção, da criação e da evolução", como uma flor que desabrochou ao máximo ou um fruto no auge da maturação, mostrando a expansão dessa energia para a superfície.

Em volta, temos os ramos com três botões de girassol, em círculo, afirmando que a vida está presente como uma consciência por trás das formas e aparências, sustentando-as. É a expressão manifestada de uma onisciência, que ao mesmo tempo ordena a manifestação e nela se reflete, reconhecendo a si mesma como o Ser manifestado.

Mensagem da Mandala

À medida que aprendemos com a nossa experiência, nossa apreciação da vida aumenta, nossos sentidos se tornam mais aguçados e nossa mente se torna mais clara e perceptiva.

A realidade então é compreendida de várias formas. Até um simples objeto ao nosso redor tem as suas particularidades de cores, sons, sombras, que nos passariam despercebidos se não estivéssemos desenvolvendo nossa sensibilidade diante de um Universo em expansão.

Quando nossa atenção pura se aprofunda ainda mais, podemos até mesmo perceber o elo de ligação entre o passado, o presente e o futuro, aprendendo a ordenar nossas ações de modo que nossa vida traga satisfação e realização.

Durante essa Transcendência, somos agraciados com sentimentos de júbilo, harmonia e reverência. Paradoxos antes perturbadores são resolvidos rapidamente. Nós somos ao mesmo tempo um elemento de grande importância como indivíduo e como conjunto. A consciência está alerta, ativa e difusa.

Esta mandala indica que é hora de expandir suas idéias. Dê asas aos seus sonhos, não tenha limites para projetar seus objetivos.

Aplicação

Toda a nossa qualidade interior pode mudar, mesmo que as condições externas ainda se movimentem com lentidão.

Quando você estiver se sentindo bem calmo e sereno, visualize uma flor de lótus linda e suave, na altura da garganta. O lótus tem pétalas rosa-claro que se curvam ligeiramente para dentro. No centro dele há uma chama luminosa de cor laranja-avermelhado, mas que é clara nas bordas e passando a uma tonalidade mais escura no centro.

Olhando com suavidade, concentre-se na extremidade da chama e continue a visualizá-la por tanto tempo quanto puder.

Essa é a chama que impulsiona seus propósitos a se realizarem na vida cotidiana. Você passa do estado dos sonhos para a dimensão das formas realizáveis.

No seu dia-a-dia, expanda todos os seus pensamentos e ações, visando uma melhoria na qualidade de vida. O alcan ce da sua energia é poderoso e o momento é favorável ao crescimento.

CARTA 11

Mandala do Equilíbrio

Esta é a representação dos Tattwas, as cinco vibrações básicas das quais origina-se a Totalidade da Criação.

O tattwa do fogo está localizado no centro da mandala como um sol e tem um portal aberto para a face norte. Ele nos mostra o objetivo da missão do equilíbrio, da virtude e da transcendência. Nesse caminho, existe a silhueta de um pássaro que representa o ar, e cujo estado original é a elevação, o poder e a iluminação da luz interior que explica como se conduzir para triunfar nesse caminho espiritual.

Mais abaixo, o tattwa da terra é simbolizado pelo escaravelho, que é a fertilidade, a naturalidade e a oportunidade para novos começos. Ele está situado na face sul da mandala, que representa a vida física. O triângulo violeta nessa parte inferior evidencia que esse processo está acontecendo de forma espiritual, através do silêncio e da concentração.

Quatro chamas, de base azul e extremidades rosa, partem do círculo central e se dirigem para o quadrado. Trata-se da representação da mais elevada consciência do Reino Elemental. É a participação do ser na Terra, envolvido no amor curador da chama violeta, rosa ou azul, pois quanto mais você se afasta de sua densidade física, mais você se liga à força dos seres espirituais. A ação do Espírito sobre a matéria cria essa substância iluminada.

Essa substância se manifesta no organismo, nas atitudes mentais, no equilíbrio emocional, nas introvisões, na intuição, na alegria, no amor e no bem-estar.

O hibisco e a rosa branca mostram o casamento desses elementos através da força, da pureza, do sentimento e da maturidade.

O verde do segundo círculo é o equilíbrio onde repousa essa dança sagrada; um movimento que estrutura o espaço infinito. O laranja do círculo maior é a ação equilibradora que acaba com medos e inibições, proporcionando todas as oportunidades de concretização.

Mensagem da Mandala

Da natureza do nosso pensamento depende a fortaleza do nosso corpo, o vigor da nossa inteligência, o êxito dos nossos negócios.

O equilíbrio é necessário para que não haja dispersão de energia. Esta mandala propõe esse equilíbrio em todos os níveis: físico, mental e espiritual, como uma etapa a ser superada para a evolução do ser.

A disciplina mental, emocional e física acelera o progresso. A concentração focaliza a energia. A visualização focaliza o que você deseja materializar, captando a energia das idéias.

Quando os objetivos estão claros e nítidos na mente, o momento seguinte é passar o dia em função deles. Em vez de ficar esperando que aconteçam, encarregue-se de executá-los. Não espere que algo incomum ocorra para expressar tolerância e bondade. Faça-o logo.

Mesmo com planejamento, sempre existe uma tendência a desperdiçar suas melhores intenções. Uma afirmação, ou uma sentença, é um decreto espiritual. Toda substância, luz ou matéria precisa seguir o comando da palavra.

Aplicação

Visualize um capacete de luz branca brilhante envolvendo o seu crânio, ou uma faixa (à moda indígena) de luz dourada ao redor da cabeça.

Envolva o plexo solar (na altura do umbigo) com um cinto de azul vívido, cobrindo o seu diafragma na frente e nas costas.

Pense várias vezes sobre um ou mais propósitos que deseja concretizar e enumere-os. Cada vez que mentalizar um desses propósitos, seguindo sua ordem numérica, respire profundamente, extendendo primeiro o abdômen e em seguida o peito. Sinta como se já estivesse saboreando o prazer de concretizar cada um desses objetivos.

Termine a visualização expandindo as faixas dourada e azul até o infinito, ou até que se tornem grandes círculos que se perdem no horizonte.

Repita este exercício todos os dias, da mesma maneira, até que você conquiste essas metas.

Cuide bem do seu corpo, adotando uma alimentação sadia e frugal. Cuide bem da sua mente, cultivando pensamentos positivos. Cuide da alma/espírito orando a Deus e lembrando-se sempre que você é parte fundamental do universo.

Lembre-se de que para toda ação existe uma reação. Aja de acordo com o conhecimento dos sábios, vivendo no equilíbrio dos fluxos energéticos.

CARTA 12

𝒯𝓁andala do 𝒫erdão

Esta mandala tem como ponto central uma borboleta azul, cujo significado é a transformação, devido ao seu dramático ciclo de vida. Esse animal é a representação da própria alma, de sua ressurreição e imortalidade. É o símbolo da libertação e de um novo começo.

A meia-Lua crescente é um sinal de receptividade e de

concentração, indicando a transcendência da morte por meio da vida eterna.

O Sol corresponde ao ouro, que na alquimia é chamado de "Sol da Terra", fogo do princípio vital. Esse astro tornou-se a imagem da ressurreição, por nascer e se pôr todos os dias.

A flor do maracujá (*passiflora incarnata*) também é chamada de "flor-da-paixão", e representa a abnegação passiva e a humildade. Com suas dez pétalas que simbolizam o retorno à Unidade, é o símbolo do Cristo na Terra.

O branco das quatro pétalas da maior flor que ocupa toda a mandala sugere pureza, intemporalidade e êxtase. Ela representa a unidade da qual fluem os símbolos acima descritos.

A rosácea anuncia um novo tempo, indicando afeição, bondade, gentileza, juventude e frescor.

A cruz egípcia, símbolo da vida e da imortalidade, indica iniciação.

O ser rende-se intelectualmente abandonando os julgamentos e deixando o seu inconsciente fluir. Os condicionamentos do mundo já não o limitam, pois o mundo é o campo de realização de sua missão. O ser em comunhão com sua essência, livre, celebra a vida e toda a sua existência, demonstrando sua entrega a uma causa elevada.

Mensagem da Mandala

O mundo em que vivemos é produto da nossa mente, condicionando a nossa forma de ver, de pensar e de sentir. Ao modificá-la, alteramos também o modo de compreender a realidade.

A mudança de um ponto de vista pessoal, baseado em

exigências e preferências, por um outro mais amplo, que possibilite uma visão do todo, é a melhor forma de dissolvermos o egoísmo. A verdadeira dissolução do ego acontece quando construímos uma visão do mundo compreendendo que o homem é como um viajante sem lar, um ser transitório. Portanto, devemos ser amáveis com todos, respeitando a forma de ser de cada um. Em vez de enfatizarmos distinções e o isolamento das coisas, poderemos encará-las como partes de um único organismo.

Quando expandimos nossa consciência e a focalizamos nessa direção, superamos nosso aparente isolamento, podendo assim começar a viver mais plenamente, de forma a entender que não existem limites rígidos e definidos, mas sim um sistema aberto e holístico, interligado e conectado com o todo, como um organismo gigante.

Aplicação

Ao despertar, renove a cada manhã a sua alegria de viver. Compreenda que você está a serviço do Universo, e que está recebendo dele um grande apoio para deixar fluir suas qualidades superiores de compaixão e perdão. Não espere que o procurem para agir fraternalmente.

Ajude, conversando, eliminando discórdias, mágoas e ressentimentos. Nenhum gesto de compreensão e bondade, por menor que seja, passa despercebido.

Não guarde em seu coração mágoas, ressentimentos, medos e tristeza. Libere toda a amargura; perdoe e siga em frente rumo ao progresso, e nenhuma voz obscura chegará a seus ouvidos para machucar seu coração.

CARTA 13

𝒯𝓁andala da Cooperação

A flor é a mais perfeita manifestação do mundo vegetal. Cada árvore, planta ou flor possui seus próprios dons, talentos e capacidades a serem compartilhados.

As antigas tradições esotéricas fazem uma sábia relação entre esses elementos e os planos superiores da existência, como também entre as constelações do Zodíaco.

História e mitologia estão repletos de plantas que curam, que embriagam, que atraem sorte, amor, equilíbrio, etc. Aos olhos do ser humano, a cor, o cheiro, a forma da planta estavam repletos de ecos de outras esferas, sinais visíveis de um contato possível com planos sutis.

As plantas regidas pelo Sol, por exemplo, são perfumadas, de sabor ácido, com flores em cores vivas. Exemplos dessas plantas são o girassol, a camomila, o sândalo, o alecrim e o açafrão.

As regidas por Vênus são afrodisíacas e embriagadoras; têm perfume forte, sabor doce, grandes e belas flores. São a roseira vermelha, a verbena, a ameixeira, o sabugueiro, a menta, o tomilho, etc.

As plantas regidas pela Lua têm aspecto pouco comum. São em geral brancas, de gosto insípido, inodoras, calmantes, oriundas, segundo Paracelso, "dos fluidos frios da Terra". São a alface, a açucena, o lírio, a papoula, o agrião e o copo-de-leite.

Diz um velho provérbio budista que "as plantas têm almas diáfanas, sensíveis às alegrias e às tristezas". A cooperação da natureza é tão grande, tão farta e preciosa, que se fôssemos mais sensíveis e introspectivos entenderíamos todos os pensamentos de Deus através dessa harmoniosa manifestação. Esta mandala reflete a celebração da vida.

Mensagem da Mandala

A cooperação é a atitude que elimina os pontos de divergência dentro de um grupo ou num relacionamento, criando assim solidariedade e comunhão.

É a união da comunidade, do grupo, dos seres para atravessar a adversidade.

Tudo começa com a cooperação entre seus sentimentos e seu corpo, criando saúde e harmonia; entre sua mente e seu espírito, liberando o fluxo de sabedoria. E nos níveis mais sutis, a ligação é com Deus, com o amor divino, fazendo você se tornar um canal de profunda compaixão, bondade e gentileza, guiado pela habilidade de agir e pensar com nobreza de sentimentos.

Com essas qualidades, você está pronto para admirar e participar de qualquer grupo, em qualquer hierarquia. Cada novo amigo que ganhamos no decorrer da vida nos aperfeiçoa e enriquece, não tanto pelo que nos dá, mas pelo que nos revela de nós mesmos. Temos de saber ouvir e respeitar a visão de mundo de cada pessoa, para entendermos a expressão da "multiplicidade". Só assim é possível haver uma integração que leve à adaptação das diferentes visões do mesmo caminho.

A cada um de nós compete uma tarefa específica na difusão do bem. Cada um recebe de acordo com o que dá. Se você der atenção e carinho, com boa vontade e alegria, você há de se ver cercado de afeto e amor.

Aplicação

Procure compartilhar tudo o mais que puder, uma palavra amiga, um pensamento generoso, um sorriso. Tenha paciência e defenda causas que lhe falem diretamente ao coração.

A união e a confraternização trazem sucesso. Procurando a companhia dos outros, aumentam as oportunidades de realização. Deixando de lado os seus interesses particulares, você ajuda as pessoas que precisam crescer. É elevando os outros que você também se eleva.

A cooperação engrandece a energia de um grupo ou de um projeto, tornando-o mais completo e maduro. Assim se alcança mais rapidamente o objetivo desejado, produzindo os frutos dessa confiança entre as pessoas.

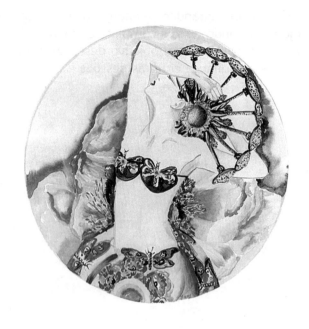

CARTA 14

Mandala da Ousadia

Esta mandala mostra a energia criadora em seu estado desperto, Shakti, ostentando a diversidade mutante e transformadora da existência fenomenal. É a energia primordial que delimita formas na Consciência sem forma, torna finito o infinito; energia radiante da qual todos os fenômenos contidos no tempo e no espaço são projetados.

Aqui a energia está manifestada no terceiro chakra (o plexo solar) ou *manipura* ("a plenitude das jóias"), representado pelo elemento fogo. Esse chakra é associado ao poder, à vontade, à coragem. É quando a energia emocional é dominada e a pessoa se sente segura do seu poder pessoal.

Nesse momento, a motivação está atrelada à realização material e ao reconhecimento. Esse é um degrau em que o ego heróico lutou com as forças inconscientes e venceu a batalha da independência.

Nesta mandala está representada uma figura de mulher cujos cabelos são nove cogumelos selvagens, presos a um sol na região da nuca.

O cogumelo é visto como símbolo das almas humanas (encarnadas) e também da longevidade. O nove representa Yesod, a nona Sephira, que significa "o fundamento, a base", e também rege na cabala a evolução material.

O sol na região da nuca é o fogo da Mônada, que atrai a personalidade integrada para os assuntos espirituais, para a concentração mental e para a meditação.

O homem é um deus no processo de criação, e a criação envolve a capacidade sempre crescente de canalizar o Fogo.

É preciso, para isso, decisão, vontade e ousadia.

Mensagem da Mandala

O fogo interior nos nutre e protege. Através do processo de purificação pelo elemento, nosso espírito é alimentado, conseguindo transcender a ilusão do tempo e do espaço.

A única preocupação deve ser o fogo que consome. O homem sem equilíbrio oscila entre estados de ânimo positivos e negativos, que são os movimentos das forças yin e yang, e perde sua liberdade quando não percebe a vida como passagem transitória e condicionada.

Sua busca desenfreada pelos prazeres da vida ou seu sofrimento, quando não pode se satisfazer plenamente, paralisa seu poder de vivenciar seu discernimento e sua sabedoria.

Quando estamos empenhados em transformar nossas falhas e nosso eu inferior, temos a impressão de que essa luta será infrutífera. Mas não devemos desistir, pois, embora haja demora, com um trabalho persistente e decidido podemos vencer as forças destrutivas, caminhando em direção a um mundo melhor.

Não devemos tentar dominar situações ou pessoas com atitudes inflexíveis e resistentes. Em épocas como esta, de decisão e ousadia, devemos ter bom senso para não exagerar pensando que podemos tudo.

As circunstâncias possibilitam a ação, mas só seremos corretos se agirmos com moderação. O homem que conhece o imponderável pensa duas vezes antes de agir, pois sabe que a direção do seu futuro depende da moderação e maleabilidade da sua flexibilidade ao exercer seu livre-arbítrio. Enfrentando os obstáculos, vamos abrindo caminho e descobrindo o que é viver com sabedoria.

Aplicação

Experimente acordar bem cedo, antes do raiar do dia. Antes do amanhecer, a natureza e os homens recebem estímulos, através de ondas prânicas, para sua renovação. Sente-se então em uma posição confortável, voltado para o leste.

Respire profundamente por cinco vezes e imagine um fulgurante sol psíquico brilhando três metros acima de sua cabeça. Observe como pulsa a sua energia dourada. Com o tempo, você notará seis raios de luz solar, semelhantes ao raio *laser*, dirigirem-se para seu corpo.

O primeiro raio penetra na sua cabeça; o segundo raio entra pela garganta, na altura da tireóide; o terceiro raio entra no coração; o quarto penetra no plexo solar, entre o estômago e a caixa torácica; o quinto e o sexto raios penetram pelas palmas das mãos, que devem estar voltadas para cima.

Continue respirando com os olhos fechados e retenha o calor dos raios dentro do seu corpo. Sinta como o sol lhe dá coragem, força e equilíbrio. Mantenha essas qualidades na sua vida, aplicando-as nas circunstâncias que se apresentam.

Nas situações que requerem ousadia, coloque-se no lugar do Sol, emitindo a mesma luz e calor que dá vida ao planeta.

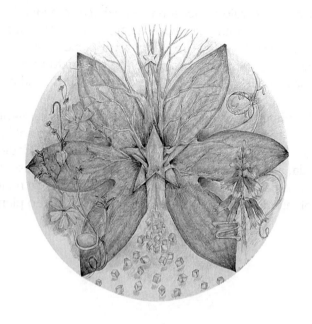

CARTA 15

Mandala do Semear

Nesta mandala, a estrela central tem cinco pontas e representa o ser humano microcósmico, com seus cinco sentidos e cinco extremidades. Neste caso, são representados o livre-arbítrio, o movimento evolutivo, o crescimento ascendente dos ramos da árvore, que também podem ser raízes; crescimento de baixo para cima e de cima para baixo, a plena interação entre o céu e a Terra.

Da parte inferior da estrela rolam cubos, símbolo da eternidade, da estabilidade, da solidez e da consolidação da matéria.

A imagem da árvore é de uma figueira que simboliza a Árvore do Conhecimento na mitologia indiana. Seu coração é a estrela que sustenta uma flor de seis pétalas na cor azul.

O seis, associado à cor azul, representa o princípio feminino, a "mãe". Qualidades passivas e receptivas trazem, através da intuição, um profundo sentido de espiritualidade.

Esta carta é o esplendor da procriação. O elemento terra dissolve-se no elemento água, essência da vida. Adquire-se a capacidade de usar a energia criativa e sustentadora para elevar-se às artes mais sutis e às relações mais puras.

Atrás, como fundo, temos a cor laranja em tom forte, representando a vitalidade, a juventude e o entusiasmo.

Compartilhar, cooperar, amar, valorizar são qualidades oferecidas por um coração amoroso e por um espírito desperto. Esta é uma carta de nutrição. A estrela menor, branca, ao norte da mandala, é o espectro do homem no plano do espírito. A intuição nutrindo a mente, que leva à ação.

É importante, para a evolução de um ser, que seus sentidos sejam abertos às impressões e aos eflúvios do universo.

Mensagem da Mandala

A semente brota, mas se a raiz não for profunda, a planta fica fraca, pois não cresce ou seca facilmente. São essas as pessoas de bons sentimentos, mas sem firmeza em suas convicções por falta de uma boa estrutura, que ajudaria a enraizar e fortalecer a semente. Sem as raízes de uma cultura universalista e a adoção de princípios profundos da vida espiritual, não existem bases para a evolução.

É necessário perceber qualquer bloqueio que esteja prejudicando o processo de enraizamento ou a força de mergulhar mais fundo nas situações. Se não estivermos bem centrados no nosso mundo físico, não conseguiremos entender totalmente o propósito de nossas visões, sonhos, potenciais, ou ainda descobrir as verdades da fonte original.

Embora possamos ajudar pessoas que se mostrem abertas e receptivas, devemos compreender que há limitações, e não devemos tentar apressar o desenvolvimento dos outros ou queimar etapas, dizendo-lhes coisas para as quais ainda não estão preparadas.

Esta mandala mostra que precisamos compreender que tudo o que acontece tem possibilidade de se materializar, num ritmo e tempo próprios. Devemos perseverar durante as difíceis fases iniciais, para que a mudança ocorra incondicionalmente, sem a tensão provocada pelo nosso imediatismo.

Para ajudar os outros, jamais precisaremos colocar-nos numa posição constrangedora ou humilhante. Essa ajuda requer apenas que nos mantenhamos nos limites da modéstia e da paciência. O momento certo para dizer ou fazer alguma coisa surgirá por si mesmo, sem a nossa interferência.

Aplicação

Esqueça contratempos e mostre um sorriso gostoso para as pessoas que estão a sua volta. Doe alguma energia de otimismo e distribua alegria aos que estão longe de ter essas qualidades. Escreva um bilhete ou uma carta, transmitindo esperança e tranqüilidade para alguém.

Como exercício de semeadura, compre uma mudinha, sementes de flor ou de árvore, plante numa jardineira ou num pedaço de terra. Faça isso sob a luz da Lua. Enquanto você planta, mentalize uma grande energia amorosa de cor azul prateada saindo da ponta de seus dedos e envolvendo o pequeno broto ou semente. Imagine que você está usando a sua capacidade de pôr um pouco mais de harmonia, ordem e luz no universo; nos dias seguintes, passe a acompanhar o movimento da natureza por meio da sua plantinha.

CARTA 16

Mandala da Experiência

O triângulo no centro da mandala, de onde emergem uma espada e um bastão, representa o aparecimento de um caminho novo, uma aspiração religiosa, pois a cor alfazema pode ser considerada um símbolo de energia espiritual num estado extremamente puro. Propensão para experiências místicas.

Esse pequeno triângulo é o vértice de um triângulo maior, de cor azul e base rosa-claro. Ele representa um grande foco de auto-identidade, com um estímulo psíquico para a busca de metas pessoais.

Na parte de cima, vemos um retângulo dividido por um quadrado central. Dessa divisão resultou um quadrado de cor azul-claro, que passa pelo eixo central da mandala. Isso significa reconhecimento de talentos, abandono dos laços de dependência com a forte energia materna (cor azul-claro) e clareza para lidar com novos posicionamentos, novas atitudes. O quadrado central em vermelho reafirma a consolidação da energia necessária para dar poder ao ego.

As flores roxas de cinco pétalas mostram o poder da percepção, apreendidas por um coração de boa vontade, que aceita abertamente o sagrado. O olho egípcio de Udjat, que tem visão ampla, percebe que as limitações são eliminadas, destruindo todas as amarras e prisões, possibilitando ao homem que se liberte de qualquer condicionamento que não o deixe ser ele mesmo.

O sol na parte norte da mandala mostra que, ao desafiar os medos, assumindo os sentimentos e desejos verdadeiros, e superando as mais escuras ameaças, encontramos o caminho do coração.

Mensagem da Mandala

Esta mandala mostra uma vida norteada pela percepção dos mais elevados valores da humanidade. Provavelmente, o consulente deve estar sentindo um forte senso de propósito e as forças do destino comandando a sua vida.

Uma das mais profundas preocupações é o desenvolvimento da cultura na qual vive. Ele está consciente de que um propósito materialista, sem uma perspectiva espiritual, não pode sobreviver por muito tempo.

Você trabalhou com afinco e sofreu para chegar aonde chegou. Não se desvie do seu caminho!

Aplicação

O aprendizado na vida é feito por meio das experiências por que passamos. Para se ter experiência é preciso coragem em todas as circunstâncias. Por piores que lhe pareçam as dificuldades, tenha a certeza de que pode superá-las com persistência e força.

O momento fala de novos caminhos ou da determinação para permanecer no caminho baseado na verdade pessoal.

O envolvimento nessa intensa busca espiritual servirá de base para profundas revelações sobre a vida. Aquilo que lhe parecia certo no passado perde agora sua importância, pois você está no caminho da concretização de um potencial mais elevado.

As sementes vingaram e os frutos amadureceram; você pode esperar uma boa colheita e uma fase de compreensão e de luz.

CARTA 17

Mandala da Doação

Esta mandala é a representação do quarto chakra, responsável por toda a compaixão e amor abnegado. Esse centro é, de fato, a sede do Eu superior, o canal por cujo intermédio nos amamos!

Seu elemento é o ar e relaciona-se com as qualidades da leveza e da flexibilidade.

Esse chakra rege o coração e polariza predominantemente a cor verde. É o raio do Amor Divino.

Nesse nível, o eu busca integrar dentro de si o amor e a sabedoria, a misericórdia e a tolerância. É possível, nesse estágio, descobrir-se o amor incondicional, dando exemplos de paciência e desprendimento, servindo a todos com bondade e dedicação!

O aspecto principal daqueles que se encontram nessa senda é a devoção. Sua atividade está relacionada com a sustentação da paz, e intimamente ligada à emotividade, obviamente cercada de uma expressão elevada e espiritualizada.

Essa emoção se rejubila com a bondade, com o entusiasmo e com a dedicação a todas as causas nobres, o que permite a todos, sem distinção, as mesmas oportunidades de se elevar!

Nesta mandala, o elemento central é a representação da alegria, do contentamento, uma tocha sempre acesa, iluminando todos os nossos atos e servindo de guia aos que chegam a nós.

A natureza do homem deve ser empregada com sabedoria por aquele que deseja seguir nesse caminho.

Cada homem é absolutamente responsável pela sua individualidade e pela libertação de sua alma, e nesse estágio compreende, definitivamente, a impermanência das coisas.

Mensagem da Mandala

No mundo existem pessoas com tanta disposição que, por mais afortunadas que sejam, partilham sua sorte com todos, trabalhando incansavelmente pelo bem geral dos semelhantes.

Quando o homem pratica um ato pacífico ou produtivo em benefício do próximo, consegue dissolver a ilusão do "ser individual" e ensinar o amor sem qualquer motivo ou sem dar ouvidos às vaidades do ego.

Essa abertura é a presença da verdadeira compaixão. Quanto mais aberto e altruísta você é, mais será capaz de se comunicar com seus amigos, com a sua família, com o universo ao seu redor.

Quando estiver menos centrado em si mesmo, a compaixão cresce em profundidade e se torna abrangente!

Esse sentimento gera um sentimento profundo de aceitação, e passamos a aceitar o outro mesmo com suas falhas e diferenças.

A melhor maneira de se mostrar compaixão é por meio do desejo de ajudar, doando-se incondicionalmente. O desejo de ajudar nos faz sentir de perto a dor, a mágoa, o sofrimento do outro, e essa sensibilidade nos torna capazes de minimizar a situação aflitiva dessa pessoa.

Até mesmo um pequenino gesto, uma ação insignificante, pode melhorar muito o ambiente em que nos encontramos, entusiasmar quem está depressivo, restituir a fé e a alegria daquele que está desiludido.

Como entender essas atitudes? Um simples aperto de mão confiante, um sorriso sereno e um olhar carinhoso fazem milagres nos momentos de carência e abandono.

Esteja certo de que a felicidade não vem de fora. Você a encontra dentro do seu coração, quando aprende a ajudar a todos indistintamente, vencendo as barreiras da separação e do egoísmo. Esse coração, quando iluminado, não distingue o sábio do ignorante, o rico do pobre, o feio do bonito, o doente do são. Para encontrar paz e alegria, espalhe otimismo e bondade ao seu redor. Ajude sempre!

Aplicação

Não se preocupe com as aparências das coisas ou das pessoas; mergulhe em sua consciência, sinta mais o seu valor humano, não se importando com o material.

A experiência da doação é enriquecedora. No plano material, doe tudo o que lhe for desnecessário, livrando-se das energias estagnadas. Cresça e evolua pela renovação de antigos valores. Você está sendo chamado a partilhar tudo aquilo que puder. É o momento de se soltar, de liberar e amar verdadeiramente.

CARTA 18

Mandala da Iniciação

Esta mandala representa a iniciação. "Conhece-te a ti mesmo e conhecerás o Universo e os deuses", diz a sabedoria hermética.

Os rituais iniciáticos de todos os tempos e de todos os lugares nada mais são do que uma "simboloterapia", no sentido literal da palavra "terapia": disciplina, outrora confiada apenas aos sacerdotes e aos iniciados, cujo objetivo é restituir ao indivíduo a harmonia.

A espada central é o poder da força invocada. A lâmina da espada representa a coluna vertebral, no nível do corpo humano, mas é também o reflexo da coluna do meio da Árvore dos Sephiroth, reflexo da Árvore da Vida.

Os dois gumes da espada são os dois pólos opostos. A parte central é o lugar do reencontro e do casamento da direita com a esquerda, do masculino com o feminino em nós, do realizado com o ainda não-realizado. A coluna vertebral é, pois, o lugar privilegiado em que se concentram todas as nossas liberações, as nossas sucessivas realizações, e também todos os nossos bloqueios, medos, recusas, e todas as tensões e sofrimentos que eles geram.

Na escuridão desse longo deserto, que é a nossa passagem pela Terra, nossa coluna vertebral é o guia luminoso daquele que "sabe ver". É a ferramenta daquele que sabe "trabalhar". É o caminho daquele que pode "subir".

Esse é o arquétipo que nos mitos significa a escada, coluna ou árvore, e que na tradição chinesa é o Tao, a via, o caminho da reunificação dos contrários. Na tradição cristã, é transmitido por Cristo pela seguinte frase: "Eu sou o caminho, a verdade e a vida" — "Eu sou a porta."

A rosa no centro da mandala simboliza o amor divino, com a tão conhecida árvore evolucionária. O coração é o único caminho através do qual o ser individualizado pode progredir para atingir a fortaleza do amor incondicional e da compaixão. O sábio atinge um estado de consciência superior, dedicando-se ao ser supremo no interior de sua alma.

Os ramos de folhas na ponta da espada demonstram o segredo do triângulo torácico, matriz da imortalidade, onde o homem se encontra consigo mesmo. No esquema divino, a plenitude da harmonia suprema se encontra com o coração do seu ser libertado.

Os dois triângulos ou a estrela de seis pontas simboliza o ar, o prana, a respiração vital. Representa a descoberta de algo impessoal, depois da passagem dolorosa pela paixão. A paz e quietude interiores, sentidas depois da grande luta entre as emoções, fazem surgir as energias sutis do espírito, simbolizadas pelo vento ou pela respiração.

Mensagem da Mandala

Na mandala, notamos todos os símbolos sobrepostos aos quadrados de cores terrosas (marrons), significando que ao sermos reajustados, no processo de sintonização com o plano etéreo, não estamos mais tão sujeitos às leis da matéria. Vamos sentir a liberação do karma, ou da lei de causa e efeito, por meio das novas sensações de leveza, de alegria e de liberdade de independência com relação aos desejos.

Agora o homem começa sua escalada de volta ao circuito da luz. Vamos começar a refletir sobre a natureza do desejo, a futilidade da competição e da busca interminável do prazer e de poder e, mais ainda, sobre o sofrimento inútil que essas ilusões acarretam.

A autodisciplina vai aquecer a vontade no esforço para a purificação. Pelo estudo de textos, teremos a capacidade de nos avaliarmos melhor. Liberdade, consciência, compreensão e responsabilidade são as portas para a luz.

Neste nível, o Eu busca integrar dentro de si as funções dos hemisférios esquerdo e direito do cérebro, as forças superiores e inferiores, a tolerância e a confiança; mas é dentro do coração que podemos ouvir a voz do nosso Eu Divino, ver sua luz, receber suas mensagens, visões e uma compreensão profunda "daquilo que é". A arte secreta da alquimia está assentada nos domínios do coração, pois a iniciação é feita para os puros de sentimento.

Neste momento, a pessoa deve se esvaziar de todo o burburinho do mundo exterior, e no silêncio que se segue terá o infinito por companhia e o mestre interior como caminho.

Aplicação

Sente-se num lugar tranqüilo para relaxar e transforme-o num lugar sagrado de meditação. Faça algumas respirações profundas, que servirão para purificá-lo, e prepare-se para unir o coração e a mente.

Visualize um triângulo dourado voltado para cima, na altura do seu terceiro olho (entre as sobrancelhas). Veja o triângulo estampado na sua testa e puxe-o para dentro da cabeça, formando uma ligação entre as têmporas — base do triângulo — e o vértice superior do triângulo dirigido para o topo da cabeça. Você vai fazê-lo pulsar com a palavra "OM" no centro do triângulo. Inspire e expire por cinco vezes, sendo que na última expiração você vai visualizar o triângulo mudar de posição, com a base elevando-se até o topo da cabeça e o vértice apontando para o coração.

Inspire o ar, visualizando a base do triângulo sendo preenchida com problemas que o estejam preocupando e, enquanto você expira, ofereça essas formas-pensamento à Divindade para serem transformadas.

Essa luz vai subir do seu coração e apagar, com seu fogo cristalino, todos os bloqueios, purificando a sua mente.

A mente, estando desbloqueada, fará com que você veja o homem, o planeta Terra e o universo em harmonia, estado este que deverá ser projetado por você em todos os seus atos.

CARTA 19

Mandala da Plenitude

Esta mandala é a representação da alma luminescente, ou CHITTA, a essência do ser.

Chitta é como uma tela onde se vê o reflexo do ser cósmico e através da qual se reflete o divino.

Quando o fogo serpentino sobe até o chakra SAHASRARA (no topo da cabeça), dissipa-se a ilusão do ser. A pessoa torna-se realizada, una com os princípios cósmicos que governam todo o Universo dentro do corpo.

As energias atuantes aqui são extremamente sensíveis e delicadas, de uma freqüência muito elevada, exigindo um alto grau de pureza, inocência e integridade pessoal.

Quando a evolução da pessoa o leva até o "centro da coroa", ela dá vida ao seu ser (que não está associado à personalidade). Ele agora conhece a verdadeira fonte da vida, reconciliando-se com a criação e conhecendo o poder da transmutação.

Essa é a esfera do espírito absoluto, a região da não-dualidade, onde todas as diferenças foram transmitidas e não se existe mais como uma entidade à parte.

A pureza é uma virtude do silêncio e a pureza final é a experiência do vazio primordial ou do Todo Infinito. Nessa realização irresistível e humilde passamos a entender que o Eu é o único poder atuante. Ele atua por meio do sentimento, do pensamento e agora também através da palavra.

Mensagem da Mandala

Para um praticante da sabedoria, a satisfação dos sentidos ou das coisas materiais não têm mais importância, pois ele não encontra nelas a realização maior que um sábio pode atingir.

Ao desenvolver nossa compreensão da existência, abrimos a porta que leva à compaixão. A consciência da existência da dor e da ignorância que nós, como os outros, vivemos, estimula o amor, que perde suas ligações com nossos conceitos e sentidos, e não tem sujeito, nem objeto.

A única coisa importante nesse caminho de abertura é a verdade, a compreensão e a prática de uma grande ética espiritual. Mesmo que essa prática não seja grandiosa ou importante aos olhos do mundo, ela o é para aqueles que compreendem que o essencial pode ser invisível aos olhos humanos, mas são bastante visíveis aos olhos de Deus.

A verdadeira meditação é um estado e não uma condição passageira que só criamos quando nos sentamos para meditar. Esse estado tem como base uma abnegação, uma renúncia do nosso ego e uma aceitação da vida e do mundo como um todo.

Pelos esforços concentrados do corpo, da mente, dos sentidos, da razão e do espírito, o ser recebe a bênção maior, que é a sua paz e quietude interior, e sente um sopro constante em sua alma, vindo do Criador.

Aplicação

Quando a consciência da plenitude é alcançada, você vive nas realidades física e etérea com mais intensidade.

Seu desempenho no mundo é muito importante, pois você é parte fundamental do sistema planetário, e a elevação vibracional da humanidade só ocorre com a sua participação.

Mantenha a sua luz interior sempre radiante. Tenha em mente o poder que você tem de iluminar os ambientes e despertar os adormecidos para o caminho da evolução.

Nos momentos de meditação, visualize um cilindro de luz alaranjado envolvendo o seu corpo e preserve a sensação de harmonia, equilíbrio, alegria e amor.

Visualize, em seguida, um cilindro de cor azul-prateado e mentalize que tudo está bem no mundo e ao redor de você, e que você está receptivo ao fluxo abundante de prosperidade que o universo oferece.

Faça depois esse cilindro ficar cada vez maior, até rodear a Terra, transformando-se na sua grande aura azul-prateada.

CARTA 20

Mandala da Amplitude

Nesta mandala vemos as cores do arco-íris expressando a celebração da vida e, através do número 7 das cores e das pétalas da grande flor, a relação viva entre o divino e o humano.

As sete emanações luminosas são descritas pela Tradição como sete raios de criação (involução) e de reintegração (evolução).

A cada raio corresponde uma divindade ou anjo tutelar.

Uma velha lenda céltica diz que na base do arco-íris, na Terra, existe um pote de ouro com o qual podemos realizar todos os nossos desejos. Pode haver nisso uma alusão ao Santo Graal (vaso de luz), que simboliza a síntese do conhecimento e do amor! O número 7 está ligado à irradiação da luz.

Na cabala, a sétima Sephira é NETZACH, a Vitória, ligada à natureza e ao amor. Ela simboliza o triunfo do iniciado, ao fim de sua busca.

O uso da fragmentação das cores pode ser interpretado como a primeira etapa de um processo em que a desintegração do antigo eu é necessária para atingir uma nova integração!

O desenho sugere um movimento em espiral que representa a expansão e a retração. Esse movimento indica os fluxos de energia que retornam ao centro e partem deste em busca do equilíbrio. O homem precisa se sintonizar com os ritmos cósmicos para reconhecer seu lugar no Universo.

Mensagem da Mandala

A filosofia iogue ensina que "o homem viveu e viverá sempre". O que chamamos morte é apenas o sono da noite para acordar na manhã seguinte; é apenas uma perda temporal da consciência. A vida é contínua e o seu fim é o progresso, o crescimento e o desenvolvimento. Estamos na eternidade agora tanto quanto podemos estar sempre. Ir e vir, nascer e morrer: é o pêndulo da vida que se mostra em todas as manifestações da natureza.

O homem que compreende as leis do cosmos, atua com a inteligência dos grandes mestres. Ele sabe que o caminho a tomar é o do renascimento, o da total doação para fundir-se ao Universo.

A energia evolutiva não tem limites. Se o momento é de união com o "todo", é hora de partilhar com o próximo. A mandala sugere que o consulente abra de vez seu coração e sua mente, servindo de passagem à energia cósmica.

Cada momento por que você passa é um novo nascimento, uma nova oportunidade para criar um pensamento original ou tomar uma atitude diferente. Cada vez que se deixa para trás um velho conceito a respeito de si mesmo, trata-se de um nascimento. Nascimento e morte são eventos simultâneos, pois alguma coisa velha precisa morrer para dar lugar ao novo.

Aplicação

Quando nos libertamos das limitações, começamos a tomar consciência da infinidade da vida que nos cerca. Tenha consciência da luz que recebe e emite, e saiba que esse poder se revela através dos seus atos, da sua força mental, dos seus diálogos.

Mesmo agindo individualmente, agora você é capaz de fazer muito pelo nosso planeta.

Com a compreensão desta mandala, você poderá sentir a amplitude da vida em seus diferentes estados de manifestação.

Um portal de luz se abrirá se você exercitar o poder da mentalização.

Escolha cuidadosamente o que deseja manifestar e visualize esse desejo o mais perfeitamente que puder numa tela branca dentro da sua mente.

Opte por criar com o coração, e isso será uma bênção para si mesmo e para os outros.

Encha esse quadro de vibração e faça com que ele vá aumentando de tamanho até que exploda no espaço e se dilua no infinito.

CARTA 21

Mandala da Libertação

Esta mandala representa o poder libertador que vem da nossa mãe Terra. A ciência oculta ensina que nada do que existe é verdadeiramente inanimado. A vida está presente no mineral como em todas as outras formas. Cada semente, cada germe, é imbuído ou animado por uma energia vital que o faz germinar e desenvolver segundo sua espécie.

A natureza visível é habitada por um número infinito de criaturas vivas; assim também, de acordo com Paracelso, a parte invisível e espiritual da natureza é habitada por uma gama de seres peculiares, aos quais ele deu o nome de elementais.

No passado, as civilizações da Grécia, de Roma, do Egito, da China e da Índia acreditavam nesses seres, que eram tidos com grande estima e recebiam muitas oferendas. Paracelso acrescenta que, enquanto o homem é composto de várias naturezas (espírito, alma, mente e corpo), que ao se combinarem formam uma unidade, o elemental tem apenas um princípio, o éter, do qual se compõe e no qual vive.

O ser representado dentro da montanha é um silfo. Embora se acreditasse que os silfos vivessem entre as nuvens e no ar circundante, seu verdadeiro lar era no topo das montanhas. Seu temperamento é alegre, mutável e excêntrico.

À medida que progride a sabedoria ética e social do homem, ser-lhe-ão confiados conhecimentos mais profundos das forças, leis e processos ocultos da natureza.

Na nova era de fraternidade e paz, cujo alvorecer, a despeito de muitos sinais contrários, pode ser percebido mesmo agora, há motivos para a esperança de que, mais uma vez, os anjos caminharão de mãos dadas com o homem na libertação deste.

Mensagem da Mandala

A formação de um homem sábio é feita lentamente e por etapas. A base dessa formação deve ser segura e ampla como uma montanha. Temos, acima de tudo, de abrir nossa visão interior, reorientar nossas forças e energias, de maneira que possamos viver adequadamente o momento presente e adentrar no futuro conscientes das nossas responsabilidades.

A maior ilusão do nosso caminho na Terra é achar que há apenas um tempo limitado para podermos realizar nossos objetivos e atingir nossas necessidades essenciais. O tempo mental comum é limitado, mas o tempo espiritual é infinitamente amplo e ilimitado.

A impaciência bloqueia a realização. O homem não pode ter pressa ou se precipitar para queimar etapas. A sabedoria não é uma meta apenas; a sabedoria é um estado.

É necessário neste momento ter um forte desejo de libertar-se de todas as formas de servidão. Diz-se que, quando o discípulo está pronto, o mestre aparece.

Quando um homem possui o dom da contemplação, ele sabe que atingir a sabedoria é observar a vida de um novo ponto de vista, sem usar o intelecto.

O discernimento torna a pessoa mais maleável e nenhuma provação externa lhe tira a serenidade.

O Bhagavad-Gita cita o seguinte: "Aquele que não é afetado por coisa alguma, boa ou má, e não odeia nem se regozija, tem sua sabedoria solidamente estabelecida."

A verdadeira quietude é um estado interior de aceitação dos opostos; é uma libertação do controle que o nosso eu exerce sobre a consciência. Essa receptividade natural a tudo que nasce e o desapego profundo a tudo o que parte é o grande exercício do iniciado.

O ato de libertar-se do passado e das culpas estimula a renovação diária do caráter, conferindo maleabilidade para observar a vida de um ponto de vista distante das falsas convicções, ou seja, descondicionar todos os padrões que abriram passagem às forças destrutivas que invadem a mente e consomem as energias, provocando depressão e angústia.

Aplicação

Pratique a seguinte meditação: sente-se num lugar calmo e arejado, com as costas retas e, se possível, com as pernas cruzadas confortavelmente. Sobre as pernas, apóie as mãos com as palmas voltadas para cima. Feche os olhos e respire profundamente. Concentre-se e imagine o seguinte: você é um ponto de luz brilhante em expansão.

Avalie seus relacionamentos com as pessoas e situações existentes, e depois libere-os como pontos de luz brilhantes, dando uma cor a cada um.

Tenha em mente que o homem tem livre-arbítrio para escolher seus caminhos e opções na vida, e que as pessoas com as quais cruzamos no nosso destino colaboram com o nosso aprendizado.

No seu dia-a-dia, pense com a cabeça e sinta com o coração, e não ao contrário. Com a leveza das suas opções, o caminho do livre-arbítrio o levará a novas descobertas, que servirão ao seu crescimento emocional e espiritual, e à prosperidade.

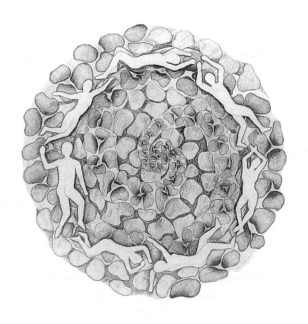

CARTA 22

Mandala da Fusão

Esta mandala nos mostra o ciclo das encarnações. A roda faz parte da doutrina central de todas as religiões de mistério, segundo a qual aquele homem do céu, o filho divino, desce à Terra para tornar-se escravo da roda da vida na sua natureza de carne.

É a liberdade dessa roda da vida que ele precisa conquistar, a fim de subir mais uma vez ao céu, onde recupera a harmonia com Deus. É o processo de involução e de geração, a descida do espírito para a matéria. Em termos psicológicos, o ego nasce, cria forças, começa a livrar-se da dependência de seus arquétipos paternos e se estabelece no mundo.

A seguir vem a "evolução e a regeneração". É a distinção que se dá entre espírito e matéria e a sua ascensão final a uma nova unidade celestial. Podemos imaginar a roda da vida movendo-se através do espaço-tempo de tal maneira que toda vez que voltamos "ao mesmo lugar" estamos, na verdade, um pouco acima da posição anterior, embora ainda giremos em torno de um ponto central.

Sete seres giram em torno da mandala. Eles representam o destino e a transformação. Foram enumerados sete atos separados de criação no Gênese e, no processo alquímico, há sete estágios de transformação sob o influxo de sete metais e de sete planetas. Na filosofia oriental, temos a lei séptupla da harmonia divina e os sete chakras. Não é, portanto, de se admirar que o sete seja símbolo da vida eterna (para os egípcios), não só porque é um número primo, mas também por ser o único da primeira dezena que não é múltiplo nem divisor de um outro número de um a dez. Assim podemos considerá-lo como o número essencial, puro e o mais sutil da primeira dezena.

Mensagem da Mandala

Você tirou esta carta porque está passando por um processo de fusão com as forças da Criação que estão em movimento na sua vida e no planeta.

Esta mandala representa a reunião dos nossos componentes psíquicos em torno de um centro. A unificação desses componentes é feita por uma atração misteriosa, na qual não podemos interferir. É a lei da sincronicidade.

Nós atraímos mudanças quando nos posicionamos corretamente, abrindo-nos para o novo e deixando que ele flua em nossa vida.

Aqui, o homem sábio é reconhecido e pode oferecer sua ajuda ao mundo. É gentil, persistente e terno, e faz o bem a todos os que o rodeiam. Ele se renova a cada dia, mas permanece constante na sua fé e não teme os obstáculos. Ele se identifica com os animais, com as árvores, com as pedras, com os aspectos coletivos da natureza ou da humanidade.

A natureza toda é fusão, pois funciona como um sistema entrelaçado. Você, da mesma forma que a natureza, está cada vez mais ligado aos outros trabalhadores da luz, atuando nas realidades físicas e não-físicas. Através da fusão, você ganha força e habilidade para participar de um sistema mais humano e iluminado.

Aplicação

Em momentos de relaxamento, imagine-se dentro de um pilar de luz violeta, branco e azul. Então projete essa luz em todas as direções, começando pelo seu ambiente mais próximo e estendendo-se para além da sua cidade, de seu país e da Terra.

Para finalizar, diga mentalmente: Eu sou a presença do meu Eu Divino, no perfeito controle sobre minha mente, meus sentimentos, meu corpo —, meus assuntos, minhas finanças e minhas relações.

Inicie cada nova manhã com o propósito de aproveitar o melhor do dia, de ouvir atentamente os outros, de cooperar em tudo que lhe seja solicitado. Fale com as plantas, faça carinho em alguém, tenha tolerância com os mais velhos e paciência com os mais novos.

Lembre-se de que todos os fatos e pessoas que o cercam fazem parte de uma trama cósmica que compactua com a sua evolução. Por isso esteja atento e saiba reconhecer as oportunidades e coincidências, que são os sinais dos caminhos a serem seguidos.

CARTA 23

Mandala do Sucesso

No centro da mandala temos um triângulo cuja base está bem delineada, e sobre ele um anel dourado, unindo um ramalhete com sete flores.

As flores são de uma espécie nativa da África Central, chamada pelos nativos de "flor de labareda" e por nós conhecida como "gloriosa". Quando elas se abrem, parecem em tudo que lhe seja solicitado. Fale com as plantas, faça carinho em alguém, tenha tolerância com os mais velhos e paciência com os mais novos.

Lembre-se de que todos os fatos e pessoas que o cercam fazem parte de uma trama cósmica que compactua com a sua evolução. Por isso esteja atento e saiba reconhecer as oportunidades e coincidências, que são os sinais dos caminhos a serem seguidos.

CARTA 23

𝓜andala do Sucesso

No centro da mandala temos um triângulo cuja base está bem delineada, e sobre ele um anel dourado, unindo um ramalhete com sete flores.

As flores são de uma espécie nativa da África Central, chamada pelos nativos de "flor de labareda" e por nós conhecida como "gloriosa". Quando elas se abrem, parecem chamas ígneas de cor vermelha bem viva, com auréolas amarelo-dourado nas bordas das pétalas. Elas concentram energia e simbolizam o ímpeto, a iniciativa, o dinamismo e a lucidez.

A jóia que prende as flores simboliza a força da Terra, responsável pela materialização dos planos. Todas as atividades proporcionadas pelo poder da Terra se expandem numa base segura, que é a do triângulo.

A linda estrela do lado direito do triângulo representa os desejos que se manifestarão no mundo material, trazendo lucro e riqueza.

Do lado esquerdo, o símbolo do caduceu marca a presença da iluminação espiritual, pois ele é uma forma que une as energias do céu com as da Terra.

O vermelho na parte inferior da mandala se estende como um tapete, mostrando um novo começo, relacionado com a estabilidade material e os assuntos práticos.

Dos caules das flores, nove folhas despontam para todos os lados, indicando um momento de comemoração, alegria e felicidade.

As cores de fundo da mandala estão divididas em lilás, azul e turquesa. São cores que nos transmitem otimismo, para que o ser viva este novo tempo com alegria, fé e confiança.

Mensagem da Mandala

Quando compreendemos as leis físicas do Universo e as aplicamos em nossa vida, qualquer coisa que desejamos pode ser criada. As mesmas leis que regem a natureza e o seu potencial de desenvolvimento criativo também atuam na materialização dos nossos desejos mais profundos. E é isso que esta mandala pressagia neste momento: a realização pessoal, a prosperidade, a fertilidade, a abundância!

É hora de festejar suas vitórias e ser agradecido à vida pelas oportunidades de aprendizado que lhe foram oferecidas durante as experiências por que passou.

Há, à sua volta, um sentimento de independência e liberdade. É o momento de despedir-se do velho e de se abrir para o novo! Para atuar com sabedoria é necessário ter princípios firmes, baseados no bom senso, na modéstia e na generosidade. O homem sábio não se deslumbra com a riqueza, pois reconhece quanta ação e luta são necessárias para atingi-la.

Esta mandala é uma mensagem de sucesso, de êxito, de realização pessoal, principalmente se o consulente estiver empenhado em projetos que não ofereçam nenhuma ameaça ou prejuízo às outras pessoas. É um momento favorável e dinâmico, com grandes possibilidades de realização em todos os âmbitos!

O sucesso é o desfecho natural de todos os seus atos, se eles estiverem em harmonia com as leis divinas.

Aplicação

Neste momento, você tem dentro de si os ingredientes do sucesso. Estabeleça uma nova consciência amorosa a respeito de si mesmo e escolha viver a sua vida a partir dessa compreensão. Pense que você está no lugar certo, na hora certa, fazendo o que é certo, atraindo o que for melhor para o seu bem-estar.

Assuma a iniciativa de fazer algo novo. O sucesso será garantido e todas as mudanças, benéficas. Pode ser uma nova fase na sua vida profissional, uma mudança de emprego, uma promoção ou um novo empreendimento.

O sucesso pode relacionar-se à questões materiais, de âmbito familiar ou pessoal. Os relacionamentos podem sofrer transformações. É uma fase de ótimas surpresas.

Grandes mudanças se aproximam, de maneira especialmente benéfica.

CARTA 24

Mandala da Abundância

A imagem, composta de amores-perfeitos coloridos, é a bênção de um novo tempo que está chegando. Você está sendo abençoado com uma imensa compreensão das circunstâncias que estão se desenvolvendo. O desafio é perceber o halo de luz que brilha no centro da mandala, indicando que essa compreensão destina-se a ajudar os que o rodeiam, sejam eles próximos ou distantes, conhecidos ou desconhecidos, a renovar sua crença nas bênçãos do Universo.

Do lado esquerdo da mandala está o símbolo da runa Laguz, que indica emoções. Ela simboliza as águas, o ir e vir das marés e dos sentimentos. Traz bons presságios para tudo que se relaciona com a criatividade. Fala da intuição, de dons e da imaginação. Os talentos ocultos devem desabrochar.

O amor-perfeito tem cinco pétalas e sempre apresenta três cores. O número cinco representa a realidade final, a percepção da onipresença e uma nova compreensão de si mesmo e do mundo que o rodeia. É a dança da sincronicidade, em que o três representa a harmonia do processo criativo-evolutivo.

O símbolo à direita é ligado a Júpiter, o planeta da expansão, da extensão e da prosperidade, conhecido desde a antigüidade como o "Grande Benéfico". Ele é o pai que estimula o crescimento, que faz melhorar a nossa vida em qualidade e quantidade. É o fator que desencadeia os acontecimentos no plano material, oferecendo novas oportunidades e possibilidades.

O trigo que aparece ao norte da mandala representa a semeadura, o crescimento e a colheita, que simboliza o renascimento e a abundância.

Mensagem da Mandala

A consciência da inteligência que existe dentro de você vai ser a abertura, a chave da abundância, que agora vai se manifestar na sua vida.

Você está dando espaço para que o Poder Supremo possa se revelar através do mundo natural ao seu redor, fazendo fluir um tempo de beleza, de paz, tranqüilidade, prazer e qualidade.

Tudo o que você necessita nesse momento vai se manifestar. Não tente limitar a maneira pela qual a manifestação física vai ocorrer. O poder superior age por vias misteriosas, colocando no seu caminho objetos, lugares, pessoas ou situações que atendem totalmente às suas atuais necessidades.

Faça as pazes consigo mesmo num nível profundo, e você irá descobrir como chegar até o amor que existe por trás das aparências, em todas as questões pessoais. A prosperidade começa com a sensação de estar bem consigo mesmo.

A fase é muito boa, e sempre que você agir corretamente colherá bons frutos.

Aplicação

Lakshmi representa a Deusa Mãe, aquela que nutre. Conta-se que, quando os deuses agitavam o oceano de leite (protomatéria), Lakshmi aparecia majestosa, cheia de graça e beleza, sentada num lótus vermelho.

Para atrair a prosperidade, medite e entoe o seguinte mantra: "OM LAKSHMI PATAYE NAMAH". Esse mantra ajuda a mente a acreditar na sua própria capacidade, afastando as idéias derrotistas, lançando a semente do êxito. Ele está direcionado para o sucesso.

Nesta meditação, queime um incenso e, de preferência, coloque por perto um vaso com duas belas flores, uma branca e outra vermelha.

Tranqüilize-se, respirando profundamente, e entoe esse mantra mentalmente, imaginando que foi realizado o que você mais necessita no momento. Faça isso sempre que necessitar dessa energia trabalhando a seu favor.

Quando estiver em contato com a natureza, repare na abundância do desabrochar das flores, dos frutos, das árvores, das montanhas e de todos os seres em harmonia com o universo. Traga esse sentimento à sua mente e viva este dia com o prazer de ter alcançado seus objetivos, pois você é parte dessa natureza abundante.

CARTA 25

Mandala da Purificação

Esta mandala nos fala do poder da sexta Sephira e de suas respectivas Hostes, desde os arcanjos do fluido vital solar até os espíritos da natureza, habitantes e corporificações do elemento aquático mais sutil. Em termos mais simples, esses seres servem de condutores do FOHAT (prana universal), o "sangue-vital" da mãe natureza, pelo qual ela sustenta e nutre seus filhos.

O sol é o coração e o universo, o corpo. Os Arcanjos são os transformadores e transmissores interplanetários. Os anjos são os receptores e transmissores planetários, e os espíritos da natureza, os elementais, são os últimos receptáculos suprafísicos da carga etérica.

Aqui as forças de cura do arcanjo Rafael nos mostram o centro do seu coração explodindo, num relâmpago de amor, à medida que sua freqüência vibratória vai aumentando. A primeira missão desse arcanjo curador é purificar as atividades da mente exterior, elevar seu pensamento e eliminar as falsas crenças.

Rafael significa "Deus cura". Ele é protetor do oeste, do crepúsculo, da noite, do outono e da cor violeta. Rafael é o guardião do nosso corpo físico e da nossa saúde. Ele é invocado sempre que se estiver trabalhando em favor da cura, seja ela global ou pessoal. Esse arcanjo cura desde doenças do plano físico até problemas espirituais.

As cores violeta, roxo, verde-maçã e verde-água são usadas para a purificação dos nossos corpos mental e espiritual. O violeta é benéfico para nervos debilitados, e sabemos que eles são a mola mestra do desequilíbrio e da incapacidade de compreender as fases do processo da vida. O violeta ajuda a diminuir a angústia e o medo, estabelecendo uma relação íntima entre o sangue e a energia vital (prana). Ele acalma todas as emoções violentas e descontroladas.

Os três tons de verde (limão, maçã e água) são purificadores do sistema. Dão energia às células nas fases de resistência e de esgotamento, e ajudam a harmonizar melhor as perturbações entre os diferentes "corpos sutis" do homem.

Saúde e vitalidade são naturais. As doenças são desajustes

causados ao nosso ser espiritual devido a emoções desequilibradas e a desajustes com relação ao meio ambiente, às outras pessoas e às situações da vida.

Mensagem da Mandala

Esta mandala nos mostra um momento da purificação. O corpo conserva dores do passado até que se manifestem como doença. Conservando sentimentos negativos em forma de problemas, medos, aflições, o coração conserva a mágoa da perda do amor ou das separações, que causam o isolamento e a solidão; e a mente conserva crenças, preconceitos e tristezas solidificados.

Agora, cada um desses aspectos vai ser trabalhado com vigor. Um profundo sentimento de harmonia, de aceitação e de merecimento vai permitir que sentimentos de dor e de angústia sejam liberados, compreendidos e perdoados.

Você tende a reagir com sabedoria. O que você está pensando, acreditando e vivendo neste momento criará um novo futuro. O passado é apenas uma referência e não o grande Senhor que dita as regras para o futuro. O tempo que se perde com maus pensamentos e palavras de desânimo é o mesmo que se poderia ganhar com pensamentos construtivos e com palavras positivas de estímulos e de amor, por si e pelo próximo.

Cada um de nós é responsável pela sua própria condição na vida. Ser livre ou escravo depende apenas dos caminhos que trilham os seus pensamentos. Tudo o que enviamos para o exterior, mental ou verbalmente, voltará para nós de forma igual.

Você precisa saber usar a sua mente sempre a seu favor, criando imagens positivas e estimulantes. Quanto mais carregadas de força e vigor, mais depressa elas poderão se materializar.

Não há engano maior do que temer as transformações e, mesmo assim, normalmente sentimos vontade de nos agarrar àquilo que é costumeiro, familiar e garantido. Se não fosse pela bênção da transformação, ainda seríamos primitivos, reagindo aos impulsos primários de sobrevivência.

Agora é hora de receber com alegria todas as transformações que venham a acontecer nesta fase da sua vida. Cada vez que você tiver a coragem de encarar e superar a negação (pensamentos de baixa auto-estima), você terá se libertado para poder reagir à vida de forma apropriada, enxergando todas as ilusões que o impediram de sentir diretamente o amor Divino ou o amor por si próprio.

Aplicação

As vibrações energéticas podem ser modificadas por você. Por meio do pensamento, emitimos energias que têm o poder de purificar os lugares e as situações, e até mesmo promover a cura.

Deixe que os elementos da natureza colaborem com você nesse processo; faça um arranjo de flores escolhidas uma a uma e adorne com ele um ambiente ou ofereça-o a uma pessoa; queime um incenso; coloque uma música que lhe propicie pensamentos leves; tenha contato com a água corrente, sentindo o fluxo da energia que percorre o seu corpo; sinta o calor do Sol na sua pele ou ande descalço na areia ou na terra.

Para manter o vigor físico, beba dois litros de água e ande cerca de três quilômetros por dia; respire profundamente, durma o suficiente e faça suas refeições pausadamente, procurando ter uma alimentação saudável.

CARTA 26

Mandala do Amor

Esta mandala é a representação do amor. A orientação que vem através dessas flores entrelaçadas é a consumação do verdadeiro casamento. É uma união que parte do centro, que não se desgasta, porque não existe tensão, não existe esforço. É a união fecunda.

Duas flores perfeitas, numa fusão, criam o ser completo.

O laranja das pétalas abertas mostra a ação libertadora das funções corporais e mentais, o alívio das repressões, e tem como objetivo a harmonia, a afinidade, a cooperação.

Como cenário para esse casamento, temos a Tríade da vida: vontade — atividade — amor.

A vontade está orientada para o aspecto espiritual do homem, representada pelo triângulo azul, que corresponde a esse poder do espírito que nele existe. A vontade só pode se tornar manifesta por meio da atividade, representada pela cor vermelha do triângulo cuja base está na parte superior da mandala. O poder mediador, entre as forças da vontade e da atividade, nós encontramos no poder do amor, representado pelo grande triângulo lilás. Da interação dessas duas forças provém a sabedoria.

O triângulo é a imagem do número três, que simboliza a dinâmica do processo da vida. É um número que representa a perfeição final, além de independência e realização.

Mensagem da Mandala

Do ponto de vista esotérico, o amor constitui um processo vivo e complexo, que ocorre simultaneamente em diversos níveis da realidade. Cada pessoa cria suas próprias formas de atuação em cada nível de consciência, e segue suas prioridades de acordo com seu temperamento.

O prazer do amor é bem diferente da busca egoísta de satisfação. Há o plano das emoções e desejos pessoais, e a seguir o plano das emoções impessoais, transcendentes. Depois vem o plano das idéias concretas e práticas, e o nível das idéias abstratas e contemplativas. Há o nível intuitivo, e também o plano da vontade interior e espiritual.

A energia do amor produz as experiências íntimas variadas e complexas chamadas de empatia, solidariedade, delicadeza, compaixão, admiração, benevolência, respeito, afeto, amizade.

Quando você sente essa energia, fica feliz por estar vivo e grato por acordar todos os dias e viver a vida. Esse amor encontra beleza em todas as situações e aprecia a criatividade da vida, sabendo que todos os lugares oferecem oportunidades para criar mais alegria, felicidade e liberdade.

Sendo esse amor real e verdadeiro, ele é poderoso. Pode superar qualquer coisa não verdadeira simplesmente por existir, assim como a luz do Sol dissipa as trevas.

A vida só é linear na aparência. Quando podemos ouvir a nossa consciência interior a cada momento, seguimos o caminho do coração e o futuro deixa de ser apenas uma continuação do passado. Nossa atitude mental e espiritual afeta todo o universo.

O amor é a escada pela qual nos elevamos a Deus. Quem a tudo renuncia por amor está perto da meta final.

Aplicação

Seu coração está vibrando com muita energia, porque você está percebendo um Universo mais amplo. Você deve cultivar a humildade, ser receptivo às pessoas ao seu redor. São bons os atos inspirados pelos seus sentimentos. Os outros não conseguem fugir à influência de uma pessoa que age movida pela verdade e por um coração terno.

Abra seu coração para atos simples e amorosos de dedicação às pessoas, às plantas, aos animais, enfim, à natureza, a Deus.

Vivendo com amor, todas as portas do Universo se abrirão e a estrada da sua vida será sempre iluminada.

CARTA 27

𝓜andala da Elevação

A flor de lótus no centro da mandala é a representação da luz, simbolizando todas as possibilidades ainda não manifestadas.

O triângulo laranja, ao norte da mandala, com o vértice voltado para o centro, é o símbolo do princípio feminino. Exprime idéias que serão liberadas da consciência num esforço ativo (laranja) para harmonizar e integrar as polaridades internas ativa/passiva. Representa o fogo do amor espiritual, em vibração descendente na direção do coração, para se encontrar com o fogo do amor humano que vibra em direção ascendente, do sul para o norte da mandala, como uma cachoeira.

O losango que toca as quatro extremidades principais da mandala representa os poderes terrenos, a solidez de um berço invisível para que o processo acima possa se materializar. A Lua e o Sol reafirmam o equilíbrio desse casamento entre alma e corpo, entre o Azul do amor incondicional e da compaixão e o Vermelho do vigor, da coragem e da transformação.

A serpente que se confunde com o verde das folhas representa a renovação, o estado de êxtase da alma absorvida na contemplação espiritual: a harmonização com a consciência do Universo.

Mensagem da Mandala

A natureza não resiste ao homem que sabe usar corretamente o seu poder. Tudo coopera com ele. Quando somos doces e ternos com a existência, ela nos retribui dando-nos uma vida plena e pacífica. As coisas começam a se encaixar e a fazer sentido.

Terra e céu aqui se encontram e tudo prospera. As forças opostas se equilibram, seus movimentos se complementam e nossas metas ficam claras. Nossos potenciais estão florescendo e tudo nos é favorável. Assim, o caminho da sabedoria torna-se completamente aberto.

Os movimentos da natureza são sempre alternados. Devemos apenas tomar o cuidado para não nos abandonar nesse êxtase, não ficar indolente, mas seguir com ardor o caminho do meio, permanecendo no centro, onde os pólos contrários não oscilam. A felicidade então será plena.

Nesta carta, o homem sábio é reconhecido e pode oferecer sua ajuda ao mundo. Ele é suave, paciente, terno, e faz o bem a todos os que o rodeiam.

Aqui a paz é um estado de espírito. Não depende das coisas que possuímos ou das ações provocadas por outras pessoas; depende apenas do que se é.

Aplicação

Esta é a hora de expandir seus horizontes, pois Deus está trabalhando dentro de você. Seu movimento interior está voltado para as energias do crescimento e da oportunidade.

O apoio a todos os esforços vem do próprio espírito. Você poderá sentir percepções momentâneas, intuições e nutrir silenciosamente as pessoas, as situações e todo tipo de acontecimento objetivo ou subjetivo.

Para alcançar a iluminação dos mestres, lembre-se de que a espiritualização da humanidade se dá como um todo. Colabore, em todos os planos de energia, com a iluminação do coletivo.

Você está alçando novos vôos a partir de agora!

Bibliografia

Ashram, Sri Aurobindo. *Conversas com a Mãe*. Editora Pensamento, São Paulo, 1978.
Aurobindo, Sri. *A Consciência que Vê — Casa Sri Aurobindo*. Apostila. Salvador, BA, 1977.
Banzhaf, Hajo. *Manual do Tarô*. Editora Pensamento, São Paulo, 1991.
Brennan, Barbara Ann. *Mãos de Luz*. Editora Pensamento, São Paulo, 1990.
Camaysar, Rosabis, trad. *O Caibalion — Três Iniciados*. Editora Pensamento, São Paulo, 1978.
Chaboche, François-Xavier. *Vida e Mistérios dos Números*. Editora Hemus, São Paulo, 1979.
Chevalier, Jean e Gheerbrant, Alain. *Dicionário de Símbolos*. Editora José Olympio, Rio de Janeiro, 1982.
Dahlke, Rüdiger. *Mandalas — Formas que Representam a Harmonia do Cosmos e a Energia Divina*. Editora Pensamento, São Paulo, 1991.
Damian, Peter. *A Astrologia e os Remédios Florais do Dr. Bach*. Editora Pensamento, São Paulo, 1986.
Feverstein, Geog. *Manual de Yoga*, Editora Cultrix, São Paulo, 1975.
Fischer, Ernest. *A Necessidade da Arte*. Zahar Editores, Rio de Janeiro, 1973.

Gombrich, E.H. *Freud y La Psicologia del Arte*. Barrall Editores, Barcelona, 1971.

Jung, Carl G. *O Homem e seus Símbolos*. Editora Nova Fronteira, Rio de Janeiro, 1964.

Lacy, Marie Louise. *Conhece-te Através das Cores*. Editora Pensamento, São Paulo, 1991.

Lansdowne, Zachary F. *Os Raios e a Psicologia Esotérica*. Editora Pensamento, São Paulo, 1993.

Leadbeater, C.W. *Os Chakras*. Editora Pensamento, São Paulo, 1960.

Marmo, Oswaldo Luiz. *Vedanta, A Magia de Descobrir*. Tec Art Editora, São Paulo, 1996.

McLean, Adam. *A Mandala Alquímica*. Editora Cultrix, São Paulo, 1992.

Nichols, Sallie. *Jung e o Tarô*. Editora Cultrix, São Paulo, 1988.

Rao, S. K. Ramachandra. *Yantras — Una introducción al estudio de los diagramas mágicos*. Editora Siria S.A., Málaga, 1990.

Reuben, Amber. *Cromoterapia, A Cura Através das Cores*. Editora Cultrix, São Paulo, 1988.

Reyo, Zulma. *Alquimia Interior*. Editora Ground, Rio de Janeiro, 1989.

Sams, Jamie. *As Cartas do Caminho Sagrado*. Editora Rocco, Rio de Janeiro, 1996.

Sowers, Meredith Young. *Mensagens dos Anjos Através das Flores*. Editora Rocco, São Paulo, 1995.

Tucci, Giuseppe. *Teoria e Prática da Mandala*. Editora Pensamento, São Paulo, 1984.

Wilhelm, Richard. *I Ching — O Livro das Mutações*. Editora Pensamento, São Paulo, 1983.

Wood, Betty. *As Cores e seu Poder de Cura*. Editora Pensamento, São Paulo, 1987.

Zerner, Amy e Farber, Monte. *O Tarô Encantado*. Editora Siciliano, São Paulo, 1991.

FANY ZATYRKO é professora de Ioga, artista plástica e arteterapeuta. Sua inquietação espiritual tornou-a uma buscadora incansável, fazendo-a mergulhar em uma profunda reflexão, através do conhecimento e da prática, na busca da Verdade. Seu interesse pelo conhecimento das coisas começou quando cursava a Faculdade de Artes. Pesquisou profundamente as influências da cor e da forma nas emoções e no temperamento humano, dirigindo uma grande atenção aos símbolos do inconsciente, como forma de promover a evolução pessoal.

Foi por meio dos estudos relacionados com a filosofia da Ioga que ela encontrou muitas respostas para a integração de várias áreas de suas pesquisas. A Hatha-Ioga lhe deu o conhecimento do corpo humano e de suas funções; a Jnana-Ioga lhe trouxe o caminho da introspecção através da meditação; a Karma-Ioga, a transcendência através da prática da ética e da ação altruísta; a Bhakti-Ioga, a religação com o Eu impessoal através do amor desinteressado.

O indivíduo, ao entrar numa dessas escolas, é levado a trabalhar simultaneamente em várias áreas: corporal, emocional, afetiva, mental, instintiva, intuitiva e energética.

O trabalho com as mandalas possibilitou-lhe uma reorientação para o mundo exterior, através de uma viagem pelos reservatórios do inconsciente, como um grande veículo para a autodescoberta. Atualmente, ela está trabalhando em São Paulo, com análise pessoal das mandalas, tendo como base a Arteterapia e a Ioga.

MARCO WINTHER, arquiteto e artista plástico, resgatou a integração da arte com o misticismo quando iniciou, de forma intuitiva, seu trabalho com mandalas pessoais, verdadeiros "retratos energéticos" do ser focalizado.

Começou em 1992 elaborando um arranjo floral em forma de círculo, sem o compromisso com alguém em particular. Posteriormente, iniciou estudos acerca das formas apresentadas pela matéria, do mineral para o vegetal e deste para o animal.

Ao lançar mão de símbolos, integrou a arte, a magia e a psicologia, direcionando suas mandalas para um trabalho energético em benefício dos outros e colocando sua arte no rumo do autoconhecimento. Conservando as qualidades de uma obra de arte, o artista se afina com as qualidades do terapeuta quando executa uma mandala que favorece o crescente intercâmbio entre o consciente e o inconsciente do indivíduo, abrindo-lhe portas para as novas dimensões.

Depois de ter realizado várias exposições e espalhado suas obras por todo o Brasil, mantém seu ateliê em São Paulo, onde divide seu tempo praticando a arte das mandalas e a arte da arquitetura.

O TARÔ ZEN, DE OSHO

O JOGO TRANSCENDENTAL DO ZEN

Osho

O Tarô existe há milhares de anos, desde o antigo Egito, ou talvez até antes. A sua primeira utilização no Ocidente, de que se tem notícia, aconteceu na Idade Média. Nessa época, sua linguagem figurada foi usada como um código na transmissão dos ensinamentos das escolas de mistério medievais. Ao longo do tempo, o Tarô tem sido usado de muitas maneiras — como um instrumento para a predição do futuro, como um leve "jogo de salão", como uma maneira de reunir informação desconhecida, "oculta", a respeito de diversas situações, etc.

Além das 56 cartas dos Arcanos Menores, o Tarô contém mais 22 cartas, os Arcanos Maiores, que contam toda a história da viagem espiritual do Homem. A carta "O Mestre", que simboliza a transcendência, não é numerada. As cartas falam a respeito de uma viagem de autodescoberta que é absolutamente única para cada indivíduo, embora as verdades fundamentais a serem descobertas, independentemente de raça, sexo, classe social ou criação religiosa, sejam as mesmas.

O Tarô Zen, de Osho, definitivamente não é um Tarô tradicional, no sentido de lidar com predições. Trata-se antes de um jogo transcendental do Zen que espelha o momento presente, apresentando, sem concessões, o que existe aqui e agora, sem julgamento ou comparação. Este jogo é um chamado para o despertar, para sintonizar-se com a sensibilidade, a intuição, a compaixão, a receptividade, a coragem e a individualidade.

Essa ênfase na consciência é uma das muitas inovações em relação aos velhos sistemas e maneiras de pensar do Tarô, que logo saltará aos olhos dos usuários experientes, conforme comecem a trabalhar com o *Tarô Zen, de Osho*.

EDITORA CULTRIX

CROMOTERAPIA

Reuben Amber

A cor é uma vibração que constantemente está nos afetando. Este livro enumera os vários caminhos que podemos escolher para nos valermos conscientemente das cores de modo a usar sua influência para obter uma saúde equilibrada e o bem-estar geral.

Na sua primeira parte, o livro faz um levantamento histórico da mitologia das cores em diferentes regiões do mundo, estuda a cor do ponto de vista da física e da radiônica e faz uma breve apreciação do trabalho de pesquisadores famosos, entre eles Burr, De La Mer, Reich e Steiner.

Na sua segunda parte, o livro mostra os usos específicos da aplicação da cor no meio ambiente, na alimentação, no vestuário, na iluminação, sensibilizando o leitor para o poder medicinal ou os efeitos nocivos da cor, de acordo com os princípios da cromoterapia. Essa seção, eminentemente prática, inclui os métodos de lidar com as cores e com as auras, descreve as propriedades terapêuticas de cada cor e seu uso na cura de males específicos.

Característica única deste livro é a inclusão de extenso repertório que enumera o relacionamento entre a cor e os órgãos do corpo humano, com informações valiosas que nos ajudam a criar dentro de nós mesmos e no ambiente em que vivemos a harmonia cromática indispensável ao desenvolvimento físico e espiritual de cada um.

EDITORA CULTRIX

MANUAL do TARÔ

Origem, Definição e Instruções para o Uso do Tarô

Hajo Banzhaf

Este livro foi escrito atendendo à solicitação de numerosos interessados num manual de interpretação do Tarô de fácil compreensão. Para isso, a descrição das cartas segue sempre o mesmo esquema, analisando os seguintes pontos: arquétipo, letra, número, citação, imagem, simbolismo no Tarô de Marselha, simbolismo do Tarô Rider Waite, segundo plano, analogias, mensagem, objetivo, sombra, interpretação tradicional (positiva e negativa), síntese, experiência cotidiana, história, citação de C. G. Jung. Através dessa seqüência, o leitor pode tomar conhecimento da diferença de interpretação de diversas cartas; pode ler as mesmas ponto por ponto e informar-se do seu uso lúdico bem como da teoria.

O Manual do Tarô é uma obra de vanguarda em virtude da grande riqueza do material apresentado e da explicação detalhada de cada carta. Nela o autor renuncia voluntariamente a comentários triviais que dariam à obra um ar de "livro de receitas", que podem soar bem e parecer misteriosos, mas que, em última análise, não servem para nada. Em troca, ele incita o leitor – através de longas citações literárias – a captar o verdadeiro sentido de cada carta, provocando em sua mente imagens que desenvolverão sua percepção para a linguagem simbólica do Tarô.

Pela sua clareza didática e pela riqueza do material nele contido, este livro de Hajo Banzhaf atende não só aos principiantes mas também aos conhecedores do Tarô, atraídos principalmente pelo número de itens abordados e pela análise das cartas de um ponto de vista astrológico.

EDITORA PENSAMENTO